別讓世界只剩下動物園

AN
AFRICAN
WILDLIFE
ODYSSEY

目錄

推薦序──看見野生動物

國立臺灣大學
外國語文學系教授．黃宗慧

乍看《別讓世界只剩下動物園》這書名，讀者可能會好奇，此書是否意在探討動物園存在的正當性，甚或可能是要批判動物園，但書名的疾呼，透露的其實是作者上田莉棋迫切想傳遞的訊息：世界上有許多美好的動物因為人類種種不當的作為正在消失之中，如果我們不能趕快看見牠們的處境、如果我們一直以為去動物園看看動物就等於愛動物，那麼野生動物就有可能會一隻隻地從牠們生活的環境中消失，甚至從這個地球上徹底絕跡。

但急切的呼籲與嚴肅的主題卻絲毫不減本書的可讀性，因為遊走世界各地、旅遊記者出身的上田莉棋，是透過第一手的動物志工經驗來傳遞保育工作的重要性。她親自到非洲去感受野生動物真實的存在、去面對保育實務的艱難，但她不說教，更不意在「示範」正確的保育之道，而是透過沿途的見聞與體驗，讓我們看到致力保育的人、生計受野生動物威脅的人、盜獵的人、在遠處貪婪或無知地消費野生動物的人……這種種人的不同面貌，以及他們的選擇與作為如何牽動了動物的處境；而即使同樣是有志保育的人，也有形形色色的不同，甚至彼此間的立場和價值觀都可能是衝突的，於是一篇篇有人、有動物、有感傷悲憤、也有溫馨畫面的故事，就在讀者眼前陸續展開，帶我們追隨著她的腳步、她文字的鏡頭，進入她所形容的，「有很多很多愛的書」。

閱讀這本有很多很多愛的書，讓致力動物保護運動超過二十年的我，感到十分欣喜。在我的生命經驗中，喜歡貓狗和關心其他物種從來不是互斥的，不論是街貓浪犬，傷鳥，還是雨後大馬路上的蚯蚓，在我能力範圍內能幫助的，總希望自己能盡點微薄之力，因為我知道live and let live並不是道德高調，有時候只需要對其他的生命多一點在意，就可能做到。然而近年來我卻發現，由於台灣動物保護運動長期以來較多的關注焦點是在貓狗身上，野生動物保育相較來說卻是認同者多、投入者少，於是竟慢慢演變出一種特殊的氣氛：部分野生動物保育和同伴動物保護的圈子，頗有對立的態勢，而貓狗的飼養者也不時被貼上「毛保」的標籤，意指他們只喜歡毛茸茸的可愛動物，對其他動物不聞不問。在我看來，從喜歡同伴動物出發，延伸至關心野生動物（乃至經濟動物、實驗動物），是完全可能的，甚至貓狗正是許多人關心更多其他動物的起點；因此，如果能讓看似離我們的生活比較遠的野生動物，進入人們的眼裡、心裡，保育關懷的對象就有機會拓展開來。而上田莉棋的這本書，正好提供了這樣的一個橋樑——雖然野生動物受到的關注度確實不足，但與其比較哪種動物更具有保育的優先性，不如積極透過文字，讓更多人看見野生動物。

當然，看見野生動物，必然意味著可能看見牠們的不得其所、無路可逃，也因此有很多很多愛，有時也就會感受到很多很多的痛：「南非有八種禿鷹，原來其中三種已達極危、兩種瀕危了，有專家估計在二〇二〇年就會完全絕種」「全非洲每年約有三萬五千隻大象被盜獵、最近一次充公的穿山甲鱗片達十一噸，估計盜獵量達兩萬隻」；犀牛的盜獵數量更驚人，「連續四年超過一千隻，也意味著每八小時就有一隻犀牛慘死於盜獵下，每日至少三隻，二〇一八年甚至在南非的一個區域一天內發現有七隻被殺害！按此情況下，在八至十年內，全球所有犀牛都會絕種」。諸如此類震撼的數據資料，讓人看見的自然是沉重的一面，是野生動物如何因人類的恣意妄為或貪婪欲念而喪命，更不用說其他更殘酷的描述，例如象牙盜獵者如何砍下大象的半張臉、以及犀牛被殘酷取角後，屍體還被埋入炸藥，企圖讓調查盜獵的工作人員一移動屍體就被炸死……

所幸，上田莉棋也透過鋪陳她和不同動物間的互動、她向其他保育人員學習的過程，讓讀者看到了野生動物的存在之美，以及保育人士令人動容的「知其不可為而為之」。上田莉棋有時說起當狒狒保母、為好動的小狒狒把屎把尿的狼狽處境；有時回憶著如何把多數人害怕、但在保育人員心中美麗無比的青蛇，安置在牠可以好好棲身之處；又有時我們看見她完全不受世俗美感標準的束縛，談起進化的精妙如何展現在禿鷹的禿頭上，「讓牠們伸進屍體把肉及內臟吃乾淨、而不會讓血液沾到羽毛，在受威脅時不用清理頭毛就能輕鬆飛走」……顯然，不管是長頸鹿、大象、高角羚這些吸引許多人特意去非洲欣賞的美麗動物，還是和禿鷹一樣被列為非洲五醜的斑點鬣狗，或是長相不討喜又常被指控為殺牛兇手的非洲野犬，上田莉棋都同樣能將牠們對生態環境的重要性、牠們獨一無二的樣態一一道來。如果珍．古德的名言「唯有了解才會關心，唯有關心才會行動，唯有行動，生命才有希望」，是推動上田莉棋寫這本書的原因之一，那麼她確實已經透過她的文字，讓更多的野生動物有了被了解與被關心的契機。

綜觀全書，我私心最有共鳴、但讀來也最感傷的，是上田莉棋談到她的兩位獅子朋友，辛巴和貝拉的段落。馬拉威動物保育中心的這兩隻明星，有著坎坷的前半生：貝拉被從羅馬尼亞的動物園救出之前，後肢就已因營養不良呈O型彎曲，還移除了一顆眼球，辛巴跟著法國馴獸師生活時，因為關在狹小的車廂籠子裡而臀部變形，有許多健康上的問題，但這兩隻無法野放的獅子，在保育中心卻有了一段彼此依靠、形影不離的新生活。然而邁入晚年之後，身體的衰弱讓牠們的生活品質不斷下降，也讓保育人員面臨了為牠們安樂死的抉擇：「辛巴愛呈直線走向圍欄，眼睛直盯著人看，明知道隔著鐵絲網，那威嚴還是會讓我不住後退。牠的眼神清晰凌厲，直視我的眼睛，像能穿透身體看清靈魂般，但那是堅定而不具惡意的。但牠們的後肢變形，走路很緩慢，身體也很瘦，就像老人家不能再吸收營養，瘦削的模樣，看得令人心痛。每天早上和傍晚，辛巴總會來幾下獅吼功，貝拉就跟著回應，照護員耶西亞笑說牠們要召告天下：我是森林的王者。近距離正面看獅吼，那震撼隨著空氣粒子的震動直打進心臟。但吼沒幾下，辛巴明顯喘氣，氣不夠了……對中心的其他動物，我絕不談話，但每天我都忍不住跟辛巴和貝拉打氣。最後一天，我離開動物中心時，最捨不得就是牠們了；我忍不住眼淚，因為我知道，下次再見面時，我們都不會再在這個世界了。幾天後，在生而自由基金會和中心評估後，牠們永遠地睡著了」。

透過這段故事，難道上田莉棋只是要說自己多麼捨不得這兩隻動物明星嗎？當然不是。她之所以花了不少篇幅寫牠們的故事，是要回應一個更早之前拋出的問題：如果今天你有一筆錢能捐助給動物保育機構，你會選擇專門協助保育野生獅子的機構，還是捐款用以照顧曾受馬戲團虐待、現已被救出的獅子？過去一般的思考方式，是把這個問題裡的兩種選擇，視為代表動物保育與動物福利之間的取捨。如上田莉棋所言，「前者關注保護自然過程、數量和生態系統的完整性和連續性，著重在選擇對生物多樣性至關重要的物種。後者強調個體的生活質量，重視個別動物的所有感覺」；也因此，被要求做出選擇者，就猶如進入一場「整個物種」與「個別動物」孰輕孰重的論辯：選擇保育野生獅子，雖讓野外的獅子有機會繁殖、增加數量，但照顧不到眼前直接需要救援的獅子；選擇捐助照顧獅子的中心，雖讓受虐獅子得以安享天年，卻無助於增加整體野生獅子數量。

而上田莉棋並不想只是重複上述的看法，她想提出的，是近年動保界慈悲的保育（Compassionate

Conservation）這樣的觀念，也就是「不再只抽離地以物種整體著眼，不只以數據考量」，因為她看到，過度強調抽離、科學的態度，有時也可能淪為「以保育為藉口傷害動物」，就像書中著力分析的，以保育之名「支持狩獵」所衍生的問題；而如果能「以慈悲的心來做動物保育的基礎；把可靠的科學和情感結合」，或許反而不容易動輒陷入無謂的兩難處境，就像該捐助保育野生獅子，還是捐給照顧受虐獅子中心這樣的問題，其實「沒有一個選擇會讓你贏得『比較好』的徽章。因為無論你怎麼做，你選擇了符合動物利益的機構，選擇多走一步去捐助，都是一個善心無害的選擇，確確實實地幫助了生命」。這樣的態度，讓上田莉棋在書中從未推崇某種絕對或唯一正確的保育立場；但也正因如此，她更有機會以她「非專業」背景親身投入保育的歷程，感染到更多人，一同隨著《別讓世界只剩下動物園》走入紙上的非洲世界，從看見、關心野生動物，開啟行動的第一步。

前言——我們真的愛動物嗎？

這是一本述說我在非洲的故事，但所涉及的內容並不限於非洲。

這是一本關於愛動物的書，但愛的也不止於單一物種的動物，而是愛樹木、愛海洋，愛自然，愛惜我們所在的地球。

所以這是一本有很多很多愛的書。

關於愛情、親情、友情，世間闡述得夠多了。但那對動物的愛呢？很多人叫自己的寵物做寶貝，算是介乎親情和友情吧。那對於在城市中看似不會有互動、甚至遠在地球另一端的野生動物呢？

我喜歡在旅行的過程中，從當地人的生活去了解世界，學習同理心；在看見令人讚嘆的大自然時，挑戰自己，也讓自己變得更謙虛。數年前我去了中南美洲的動物保育中心做志工（詳情可參考《辭職旅行的意義》一書），後來我又去了南非的保育機構採訪，了解盜獵犀牛的情況。當時我和護林員躲在灌木後，遙望著三隻犀牛像石頭般在睡覺，偶爾晃動小耳朵，寧靜又遼闊的天地下，是多麼美、多麼讓人感動呀，這畫面一直深印在我腦海裡。雖然早知道犀牛瀕危，但我卻第一次了解，犀牛保育根本是一場戰爭，一場人與人之間的戰爭。

我覺得很悲哀，如果只因人類的貪婪而讓這美麗的動物滅絕，我們有資格自詡萬物之靈嗎？

「唯有了解才會關心，唯有關心才會行動，唯有行動，生命才有希望。」——珍．古德女士（Jane Goodall）

習慣了在都市的生活，讓我們忘記了和動物的聯繫（除了貓狗等寵物外），其實野生動物與我們之間，真的沒有想像中的事不關己。

像香港是全球非法象牙轉運貿易點（香港政府已決定在二〇二一年前全面禁止象牙貿易），每到上環、西環一帶，大家可以看到壯觀得心寒的曬魚翅畫面；台灣魚翅食用人數也是全球第三，有研究估計台灣一年就吃下六百萬尾鯊魚；在中南美洲的厄瓜多，一艘中國漁船被搜獲三百噸的瀕危鯊魚而引起當地人的抗議。

中國對野生動物入藥、野味的需求更嚇人：

光在南非每天有三隻犀牛因對犀牛角的需求而被盜獵致死；

全非洲每年約有三萬五千隻大象被盜獵；

最近一次充公的穿山甲鱗片達十一噸，估計盜獵量達兩萬隻；莫三比克、馬達加斯加等國家，也因非法砍伐木材外銷到中國而面臨生態災難。甚至因為對中藥材阿膠的需求，非洲的驢子數量也大幅減少，貧困農民賴以為生的驢子也被偷走殺害。

每次看到這種新聞，我都打從心底痛心。不管我們身處在哪裡，野生動物其實並沒有距離那麼遙遠；正因為遠東大國崛起，地球另一面看似沒有關係的地區，有數不清的動物正面臨滅絕的危機或不必要的殺害、不人道的對待；我們都可能是幫兇。

當我身在非洲的動物保育機構時，最常被人問到的問題是：妳有服用過犀牛角、吃過穿山甲嗎？妳在香港到處都會看到象牙嗎？只要長得是亞洲人模樣，外國人可沒有在分你是來自什麼地區。反正亞洲人就是會吃些莫名奇妙的東西，無法獨善其身。

但這重要嗎？重要的是我們正在破壞整個地球的平衡。

城市和鄉村的發展，迫使更多動物被犧牲，我住在香港也不例外。常有人說要發展，就必須犧牲自然。已發展的地區覺得「發展」是無可避免，正在發展中的地區也認為「發展」是刻不容緩。每個人都覺得有無可奈何犧牲自然和野生動物的理由；人類這種自比高高在上的生物，就不能想出更好的共存辦法？

我喜歡動物，但除了日常看看臉書，在可愛呆萌的樹懶、熊貓短片上，獲得療癒而按讚之外，我們和動物朋友們的交集不止於此。

在美國就有研究發現，當地的蝙蝠可以吃害蟲，如同為本土農業提供了價值高達一億美金的農藥！用現實勢利一點的角度來看，自然，其實一直默默地為我們提供免費的服務。

種種原因之下，我決定要親身去非洲走一趟；論貧窮而急需發展，論最多代表性的野生動物，非非洲莫屬了。我想親眼去了解野生動物朋友們，也希望更多人能了解牠們。為什麼形形色色的野生動物節目都是外國人在宣揚愛護動物，難道我們不能用更直接的層面和語言，去述說牠們的故事嗎？我捨不得林林總總的動物就此消失，為什麼前人會讓多多鳥（Dodo, *Raphus cucullatus*）絕種？二十年後，我們要問的物種將會更多。在此之前，我希望至少透過這本書，容我當大家的眼睛去看非洲，同時也回過頭來關注自己所在地的環境及野生動物。

正如我一開始所說，野生動物的愛比起寵物更複雜。愛動物並不是把牠抱起來親親、說咕嘰咕嘰的嬰兒話就叫愛動物。當我們談野生動物時有兩個層面，一個是保育（Conservation），一個是動物福利（Welfare），兩者看似對立，更是互補的關係。

很多人會誤以為對待動物只需要有吃有喝、有地方住就很不錯了，誰不知道大部分野生動物比人類更有「骨氣」，牠們需要大範圍的活動空間，天然的食物，需要去捕獵、和同類互動。這也就是所謂的動物生存福利。

在人人愛打卡的年代，有擱淺的海豚被捉上海灘和人合照而失救而死；日本很夯的貓頭鷹咖啡店，使白天應該睡覺、平常愛孤獨的鳥兒大受壓力而死亡；中東和美國的富豪付出巨額購買獵豹做寵物，讓非洲獵豹的基因相異性大減。這都不是愛；在野生動物身上，有時候愛是要保持距離。

Instagram 就在二〇一七年底，加入「野生動物剝削（Wildlife Exploitation）」的警告，不讓用戶加上和野生動物自拍或銷售的 hashtag。由此可見，即便某些行為受到現存法律的允許，參與的人雖沒犯法，有時卻並非正確的選擇。

我在非洲做志工期間，學習和見識到的，都遠遠超過我出發前的想像；住在簡陋的環境，靜聽獅吼和各種動物的反應，每晚舉目可見的銀河、多變的日出日落，我從大自然中真切感受到生命的美好。

雖然偶爾會面對他人的調侃、懷疑、不信任、或是不好聽的話；我不想使用到歧視這麼嚴重的字眼，應該說是刻板印象（stereotype）好了。我要比歐美志工更努力工作、更懂野生動物的知識、更耐心等候，才能換到個別保育人員的信任。起初我很無奈和不開心，反問自己為什麼要花汗水、花錢、花時間來難受呢？但我知道，正是因為非洲野生動物的情況受亞洲人需求大大影響，我更應該做一點什麼，雖然只是微小的一丁點。

特別感謝這次旅程中的動物保育機構，分別是N/a'ankusê Wildlife Sanctuary、Transfrontier Africa、Balule Conservation Project、Lilongwe Wildlife Trust，我遇上的每位保育人員都無私地為動物、為自然付出，也教導了我一生受用的知識。

大熊貓能夠受到全世界的關注，甚至從全球瀕危物種名單的「瀕危」下調為「易危」。如果一邊為投注大量資源的大熊貓保育成功驕傲，一邊卻使其他國家的動物滅絕，不是很諷刺嗎？

國際瀕臨絕種野生動植物貿易調查委員會（TRAFFIC）剛在二〇一八年公布調查，根據瀕臨絕種野生動植物國際貿易公約（CITIES，簡稱華盛頓公約）所列舉物種，二〇一六年，從非洲四十一個國家出口了超過一百萬隻相關活體動植物、逾一百萬隻相關動物皮毛及兩千噸的肉到亞洲；其中野生動物肉類更以中國、香港及越南為主；日本進口最多兩棲類和蛛形綱動物；韓國進口最多鰻魚、新加坡則最多鳥類。雖然說這都是合法貿易，但法律沒限制，卻也能導致動物瀕臨絕種及生態災難。有需求就有殺害，合法與非法，正一起聯手把大量物種推向瀕危的懸崖。

如果去責難非洲人貪財、國家腐敗，才任由自己的動物被買走，這種語調和毒梟推搪癮君子活該是一樣的無賴、冷酷。

我不希望非洲人看到亞洲人就討厭，更不希望日後的歷史記載，某些動物的絕種是因為華人。中國剛通過全面實施象牙禁貿，開始慢慢向前走了一步。

愛動物，不只是因為牠們瀕危、不只是因為沒有了牠們會影響生態、不只是因為會影響經濟效益，而是我們身為自認地球主宰者的人類，有能力選擇去愛、去做更好的人、去保護動物。

維護自然是每一個人的事，地球就是我們的家，別讓我們的未來只剩下動物園和熊貓！

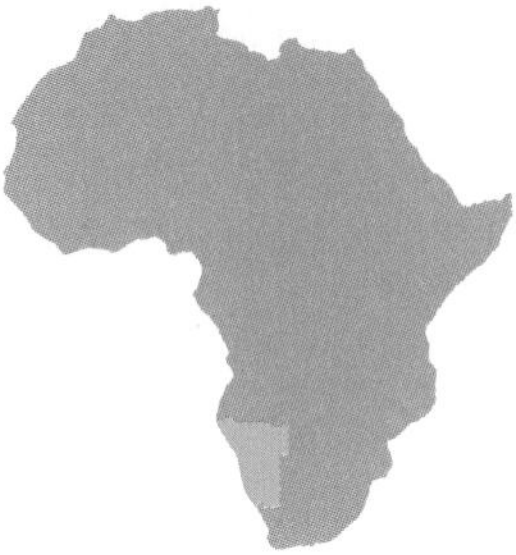

第一章

納米比亞——

當野生動物等於麻煩製造者

Republic of Namibia

當飛機進入納米比亞的範圍，我看見的不是遼闊的大草原，而是整片滾滾的黃土沙漠；納國大部分都屬沙漠及半沙漠地區，只有2%的地區有足夠雨水適合農耕。我妄想從高空能看到沙漠中的動物——為了適應氣候，這裡的獅子、獵豹、大象、長頸鹿等在進化過程中，發展出比在東非的親戚更能抵禦乾旱的習性；但野生動物並不是一直都不受打擾的。納國是個新國家，在一九九〇年才獨立。早在約一百三十年前，成為德國殖民地後，一批又一批的歐洲移民來開荒，為了保護畜牧業者的牛羊，大批野生動物年復一年的被殺害。直到及後保育意識抬頭，野生動物數量才又開始回升。可是人與野生動物的衝突和矛盾，一直未有平息。

這也是我來到納米比亞的原因。

遼闊的納國境內有大量沙漠地帶，對野生動物來說是嚴峻的生活環境。

不是貓奴的世界

「莎米拉（Samira），來呀！來呀！來呀！」我把肉切成骰子大，和幾位志工在圍欄外，扯大嗓門以南非語「呼喊。我知道莎米拉通常睡在五十米外圍欄的最盡頭處，果不其然，我一來到她就看著我。她是一隻十九歲的獵豹，年紀很大，聽力退化。她瞇著愛睏的眼睛、微抬著頭瞄我。「莎米拉來呀！」叫了幾次，她終於抖擻起來。獵豹雖是速度最快的陸地動物，但年齡讓她花了十分鐘才走到食物前。莎米拉的毛髮帶白，原來豹的臉上也有歲月痕跡。她眼神優雅淡定，像英國演員海倫·米蘭（Helen Mirren），發出像小貓般滿足的咕嚕嚕聲音。看著她吃東西的樣子，多療癒。

• • •

我抵達 N/a'ankusê Wildlife Sanctuary 動物保育中心時，恰好碰上進入旱季前的最後一場雨，已持續下了好幾小時。入夜後準備和其他志工走回住宿的營區，漆黑中踏著泥濘走在非洲大地，想起白天時志工協調員柯內（Corne）說過：「路口記得右轉！直走可是花豹圍欄區喔！」我們狼狽中帶著膽怯，終於順利走到營區。我獨自站在小陽台遠眺著首都溫荷克（Windhoek），聽到遠方獅子的吼聲，忽然一團毛茸茸的東西跳上來，我嚇到差點大叫。天呀，原來是隻貓來要討摸摸。那時候我還沒意識到，眼前看似一般家貓的，原來是有沙漠貓之稱的非洲野貓（African wildcat, *Felis lybica*），也就是古埃及人馴養成家貓的始祖呢！

貓科動物的保育，是我來非洲其中一個很想了解的議題。多年前看過的新聞圖片一直深印在我腦海：肯亞的馬賽牧民以繩子把一隻獵豹倒吊在棍子上，牠四腳朝天無辜地等候被處置。對牧民來說，可惡的獵豹把一家人賴以為生的牲畜吃了；對獵豹來說，飽餐是生存本能。在非洲大地上，善惡無法隨便裁定。

我身處的動物保育中心內光是大型貓科動物就有花豹（Leopard, *Panthera pardus*）、獵豹（Cheetah, *Acinonyx jubatus*）、獅子（Lion, *Panthera leo*）和獰貓（Caracal, *Caracal caracal*），和我曾經在中

1 南非語（Afrikaans）類似荷蘭語，在納米比亞、南非的白人及歐非結合的後裔較廣泛使用。

南美洲待過的動物中心很不一樣，這裡佔地約三十二平方公里，約半個香港島大，除了有圍欄區照顧不能野放的動物之外，也是一個有幾千隻野生動物和鳥類的生態保育區。中心除了這裡，在納國還有三個研究所，研究員除了照顧和研究動物，還要去和農民打交道。沒錯，我來到這裡學到的第一件事就是：動物保育，談的不只是動物，很多時候人才是重點。

•••

在談人之前，先來認識一下中心裡的大貓們。

在納國，叱咤原野的大貓面對最大的威脅就是人類。特別是獵豹，雖然在國際自然保育聯盟（IUCN）中仍是易危，但保育專家估計非洲只剩七千一百隻野生獵豹，應該把評級改為瀕危了。

我在中心內的工作視排班而定，如果當天負責猛獸餵飼，就要從冷凍庫把一條條巨大的肉拿出來，有時候是整排的馬肋骨、馬頸，由工作人員切成大肉塊後等待解凍。我就曾在搬運時被馬頸壓到手指，瘀青了好幾天。我們跳上卡車車尾，把一桶桶十幾公斤重的肉（有時候還有內臟）抬上車。當然，大貓都是肉食性動物，難不成能要牠們改吃素嗎？這些肉大多數是馬，不會餵飼雞豬牛羊肉，以免牠們野放後會攻擊農民的牲畜，而馬肉氣味和野外的斑馬較類似。有時候別的保護區會把「過多」的動物打獵後販賣（關於這點請參考本章第五篇），我也搬過比人頭還大顆的長頸鹿心臟。餵食工作總是整手血淋淋的，不是每個志工都受得了，部分素食者也會迴避；記得動畫《馬達加斯加》中，愛力獅在荒島餓到發慌，差點把朋友們吃掉，最後改成吃魚。現實是你不能隨便更改動物的飲食，會導致營養和發育不良及很多疾病。我不覺得噁心，畢竟這是自然天性；但內臟的臭腥味的確挺倒胃。光是餵這些食肉獸一個月就要花上超過兩百萬新台幣，政府沒資助下，就靠我們這些志工幫忙。

我們的卡車開過不同的圍欄區，大貓們按種類和族群分別在不同的區域。第一次看到這中心的圍欄，我知道我來對了地方；每個圍欄區都比好幾個足球場大，有天然灌木叢讓大貓們躲起來睡覺，也有水池提供飲用水。除了部分獵豹，我們不會踏進大貓的圍欄，要知道牠們都沒有也不必要接受訓練。牠們各有故事，像是媽媽被農民殺後淪為孤兒的、被農民抓走的、等候批文要再被野放的……

大貓們不需要被馴化，看到我們也會發出懷疑的低吼。在保育人員分派好每人負責餵哪隻後，幾個人一字排開，一聲令下把人頭大的肉塊，像推鉛球般拋進五米高的圍欄。我們滿手鮮血地觀察大貓進食的情況，王者氣派的獅子會大剌剌地在大家面前開動、靈巧的獰貓輕鬆躍起三米多，在空中接下肉塊、生性較孤僻的豹類會把肉掏進草堆裡慢慢吃。這當中讓我最訝異的是名為幸運（Lucky）

的獵豹，牠的後左腿因為被農民設的捕獸器夾傷，不得不截肢。但只有牠搶食物之快，不注意根本看不出來只有三條腿，果然是地表最快動物。

有時候我們也要清掃牠們的家，對人類比較沒安全威脅的是獵豹。我們會一人一枝木棍（有危險時拍打地面嚇走獵豹，並不是用來打牠！）進去獵豹圍欄區，一字排開同時向前走，當看到地上有糞便或骨頭，就示意停下，把有機物撿走。其實獵豹算膽小，沒有食物的我們五六個人已經足夠讓牠們躲起來了。

泰倫斯（Terence）是隻雄壯的獅子，有深色的鬃毛很吸引雌性。牠有兩位美女獅相伴（有採取不同的避孕措施，納國法律禁止繁殖肉食性動物）。數年前，牠們族群的成獅都被憤怒的農民殺死了，但農民看到只有六個月大的小獅還是有惻隱心，把牠們送來了，正是人跟野生動物衝突之下的受害者。我們志工每雙周要輪一次晚班保安，就是在這三隻獅子圍欄上方的平台值班。冬夜出奇寒冷，氣溫在十度之下，我們帶著露營地墊、睡袋，把能穿的衣服都穿上。我們只能輪流睡覺，仔細聽有沒有可疑的車聲、槍聲和狗吠聲，每小時以手電筒燈號示意安全。起先獅子們都沒理我們，周遭有些草動聲，手電筒照過去幾十隻眼睛看著我們，原來是一群野生南非劍羚（Gemsbok, *Oryx gazella*）在吃宵夜。直到半夜三點，一聲宛如轟天雷般的吼叫，讓睡著的我彈起；所謂的獅吼功果然猛烈，平台都震動起來了。獅子們像輪唱般每隔幾分鐘就吼一下，獅吼聲能傳至六公里遠，難怪我在營地也能聽到。我矇矓地睡睡醒醒，直到晨光照至，猛一看一隻母獅正看著我們！牠爬到其中一棵樹上，高度和平台相若，要不是中間有接電的圍欄隔開，那強大的氣場真的會讓人膽怯呢！

•••

在動物保育中心，我們畢竟是隔著安全距離接觸大貓，要覺得牠們可愛很容易。但納國農民住在曠野，切實面對野生動物造成的損失。納國是畜牧大國，我認識的納國土生白人大都是德裔，祖先從百年前德國殖民時期到來，家裡都是畜牧農業。我問德裔保育員馬克（Marco），是否知道父親在他農場裡曾經因野生動物造成損失而殺死牠嗎？他想了一會兒道：「就我所知以前他殺過一隻花豹，牠已經吃過我們家很多牛羊。雖然我做保育，不贊同父親的做法，但我尊重他。我能保證他是個好人，他不是嗜血的獵人，但他要保護家人和員工的生計。」

在討論野生動物和農民的衝突前，首先了解一下背景資料。納國以礦產為主工業，其次為畜牧業，當中 25 到 40%的人屬自給自足的牧農，以飼養牛羊為主。和前面提過的肯亞馬賽牧民不同，這裡約有四千個牧場，七成半屬白人擁有。但他們不像我們認識的城市老外：當我真正去到納國郊外，看到的是受氣候變遷、沙漠化的牧場，連綿幾百公里渺無人煙，沒有電話網路更別說上網。納國有台灣的二十三倍大、人口只有兩百萬，是世界上人口密度第二低的國家。雖然這樣說有點抱歉，但納國農民就像是活在上世紀初的歐洲農民，教育程度不高、資訊流通不發達、極端保守和堅持，對保育的認知仍有限，初見面較拘謹、嚴肅。

很多人以為做動物保育就不用跟人接觸，但在這裡我了解到，保育人員的工作不是和農民站在對立面。他們有時候會和農民聚會、烤肉，一來了解他們的問題，收集農場內有什麼野生動物的數據；二來是爭取農民的信任，當發生人和野生動物的衝突時，農民願意聯絡保育中心，而不是私下解決。

為什麼農民能私下解決掉野生動物呢，難道沒有法律在管嗎？要知道納國在一九九〇年之前還是屬於南非的一部分，當時野生動物的擁有權在政府，動物在固定的圍欄範圍中，不論是為了肉或毛皮，非法狩獵都是很嚴重的犯罪。納國獨立後，政府決定把保育概念和責任下放到社區層面；當地人能夠從野生動物身上獲取長遠利益，才會有保育的誘因，像把農場改為兼營野生動物旅遊，甚至合法狩獵場。例如一隻獵豹今天走進甲的農場，甲就擁有這隻獵豹，明天牠走到乙的農場，牠就屬於乙了。可是對鄉郊農民的教育程度來說，並不是每個人都有能力轉型做旅遊業。當然，擁有一隻獵豹也不代表可隨便殺死牠，以法律來說農民要證明「有問題（Problem animal）」的掠食性動物重複來犯，影響生計，才可申請獵殺該動物；但實際操作上，很難確實證明哪一隻是「有問題」的行兇者，加上當地國土幅員廣大，私下把野生動物殺了、埋了也不一定有人知道。

像前面提到只有三條腿的獵豹幸運，就是農民設下的生鏽捕獸器陷阱的犧牲品。更可憐的下場可以是動物不斷掙扎後把腿扯斷、失血過多或細菌感染而死，或是直接待在當場失救餓死。無論如何，保育中心人員都會和農民宣導停止使用捕獸器。但怎麼樣可以減少農民因野生動物所造成的損失？

「保育不是站在道德高地，告訴別人你不能怎樣怎樣做。保育是為當地人提供有效的方法。」保育員告訴我。像農民因為不想野生羚羊和自己的牧牛爭草或水，把羚羊都殺了、趕走了，區內的大貓自然要以牲畜為目標，這就是把食物鏈打亂的後果。農民放牧的路線或牲畜飲水池的位置，有時候剛好和大貓慣常走的路線重疊，自然也會造成損失。但你今天殺死一隻獵豹，明天另一隻會走來搶地盤，除非殺死所有獵豹，否則農民的損失不會停止。所以保育員會說服農民，在農場設置紅外線偵查相機，當捉到獵豹或花豹時，讓中心為牠裝上GPS追蹤頸圈，就能知道大貓去向，改變放牧路線、加裝圍欄，更有效的保護牲畜。有時候，GPS也成為大貓沒捕殺牲畜的不在場證明（牲畜因其他動物而死）。但當然，這些頸圈很貴（新台幣十萬起跳），電池壽命有限，不可能為每隻大貓都裝上。保育人員也在研究，把獅子的糞便塗抹在圍欄、農舍一帶，看看是否能阻止其他掠食性動物來訪。

● ● ●

我來到中心在納國西面，在奈米布—諾克盧福國家公園（Namib-Naukluft National Park）範圍內的Neuras研究所。這裡屬沙漠地帶的邊陲，地貌很不一樣，處處是橙黃色壯闊的岩山，讓我想起電影《127小時》。和在動物中心有機會近距離接觸動物很不同，我來這兒做志工，反而只能遠觀而不會接觸。畢竟保育是門科學，我可以學習資料搜集和做研究。很多時候我們都得靠雙腳，走上山頭；這裡沒電話訊號，得靠一部小小的GPS儀器、太陽方位和山勢來辨認方向。我喜歡健行，在山野間是真正的人在野。我們也從多個牲畜飲水池收集偵查相機拍到的照片，或架設相機，或是尋找被調皮的狒狒破壞的相機碎片。

每天我們平均要走十至十五公里，做地毯式搜索，尋找花豹或獵豹的蹤跡。但放心，動物的聽覺靈敏外也不愛被人打擾，遠遠聽到就已經先閃人或躲起來。我們是尋找牠們的腳印（相信我，在沙石地上，超難辨認）、找糞便，有需要時要用手挖開、用鼻子聞糞便，從內容判斷是什麼動物留下的。像草食性動物的便便是顆粒狀，打開都是草；肉食性動物的是條狀或團狀，會有獵物的毛髮；雜食性動物例如狒狒，糞便形狀會像肉食性動物的，但裡面會有種子。想不到腳下就有這麼多線索，「大海撈屎」也是一門有趣的工作。

有天我們志工們一起去登山，保育員德格（Doug）催促著我們趕緊回去。一隻農民所捉的野生花豹轉交給保育中心，剛拿到政府批文，可野放在國家公園內。我也太幸運了，竟然有幸目睹有如《動物星球頻道》的場面！因為花豹個性難預測、陰晴不定，所以德格很緊張。由於別處曾有在野放花豹時，牠快速從車窗縫隙鑽入，重創車內人員的案例；所以我們必須關起車窗、留在車裡。籠中的花豹顯然很憤怒，不斷露出尖牙利齒，發出低吼，既兇猛又可憐；莫名其妙被捉入籠子，看到那麼多人類，壓力肯定大。

德格準備好，用繩子拉開籠的閘門，躲在車內觀察的我們以為花豹會應聲飛奔出籠。誰知道本來劍拔弩張的牠反而平靜下來，安然地坐在籠中睡覺！我們哭笑不得地靜待，過一陣子還是沒動靜，德格只能用車子輕推籠子，前後反覆約半小時，花豹才終於踏出籠，走向新的家園，消失於國家公園的樹林中。能夠把自由還給野生動物，是對動物最好的事情了！

但不是所有大貓都那麼幸運，能那麼快就重返自由。在我離開研究所當天，平常愛整人的德格忽然駕著吉普車衝進營地，要我們馬上集合。還來不及思索他是否要耍我們，我們就趕到現場了：資料說農民捉了一隻花豹，大家對此都很緊張，怕農民的籠子是自製的，鐵枝會傷到動物，或花豹很容易就衝出來傷害人，結果還好是相對易處理的獵豹（由此可見農民對動物的認識也很有限）。

農民很明顯對這隻大貓不滿，但德格一時之間也不能做什麼，獵豹和籠子都是農民的財產，只能先幫忙把牠移到較少車輛會經過的地方。之後幾天保育員也去說服這位農民，將獵豹交給中心處理。牠被移到研究所，但卻因焦慮把自己往籠子撞了一頭傷。兩個星期過去，政府的批文還沒下來，因為要考量國家公園內的掠食性動物數量，是否會造成互相競爭；要野放在私人土地就必須得到地主，甚至其鄰居的同意，不然野放後又被殺害就沒意義了。每過一天，獵豹就會更習慣籠中生活、更難野放。儘管要和時間賽跑，但有時候動物保育卻不得不受耽誤。

•••

在各種非洲大貓中，IUCN 的資料雖然把花豹、獵豹和獅子都列入易危，但當中獅子數量從上世紀二十萬隻，下跌到現存兩萬隻，更從二十六個非洲國家絕跡；過去二十年，獅子數量更下跌了四成！比獅子更危急的，有保育人士一直希望列入瀕危之列的獵豹，期盼可藉此提高各國對獵豹的關注。雖然保育員欠缺確實數據，估計現在只剩七千一百隻野生獵豹，當中超過一半在納國，而其中九成都在私人農地範圍，所以保育獵豹，不論是前期協調，還是野放後，都很需要當地農民幫忙。

我在動物保育中心內另一項和獵豹相關的工作，是收集獵豹的腳印，這是由蘇格蘭研究生拉蕾莎

（Larissa）和美國 WildTrack 技術合作的研究。原來野生獵豹的存活率很低，主要原因在於牠們的基因弱；由於數量少，現存獵豹的基因差異不足，導致近親繁殖的弊病。拉蕾莎的計畫有趣在於，原來光靠收集獵豹腳印，再透過 WildTrack 電腦程式分析，可幾近準確地分辨出腳印主人的性別、年齡，甚至有機會推斷家族史。在野放獵豹時就可把這數據也一併考量，也有助於更準確推算野生獵豹的數量。

我第一次進到獵豹圍欄區，就一次來了七隻！牠們都是一歲左右，但已沒有小貓的樣子了。由於全是孤兒，小時候只能靠保育員人手餵飼，所以也太習慣人類，無法野放了。老實說，一開始我有點緊張，我們也需要熟記幾個要點：沒惡意的眼神很重要，不能戴墨鏡；身上不能有吊著的玩意，像是束口袋的繩子，搖搖晃晃就跟逗貓玩具一樣；還有不能趴下，貓的好奇心是會攻擊看起來比牠小的動物。但很快的，我們馬上就要打破最後一項規則。

我跟隨拉蕾莎用耙鬆開泥土、灑水、鋪好泥沙，再引獵豹從泥上走過，從中找出左前腳印，放尺量度再拍照記錄，聽起來好像很簡單吧？但別忘記有七隻獵豹，每一隻都要收集至少十二次腳印來確保數據完整！要不七隻都懶懶地躺著，要不一隻印了腳印，其他隻又過來踏上去亂。獵豹不同於花豹、獅子，牠們相對像家貓，會發出咕嚕咕嚕的可愛聲音外，還會輕咬我的手腳。喂！但我要工作呀！好不容易從大小辦認出左前腳印後，要趴在地上把多餘的泥沙吹走，還好有其他志工把關保護，幾個小時下來才勉強收集了一小部分腳印。

要捕捉一隻野生的豹、下麻醉藥、再上GPS頸圈，耗用的時間和成本都很高。拉蕾莎說等到和更多保育中心、動物園合作，收集到更多腳印後，農民在野外看到豹掌印時，也能輕易記錄再上傳到資料庫；希望當農民了解區內的獵豹活動、數量後，日後也不會再輕易地殺害牠們。

•••

納國已經多年雨水不足，農民和野生動物的衝突愈趨緊張。農民投訴野生動物殺死牲畜，儘管保育專家常鼓勵農民不要殺害「問題動物」，但因政府不會為他們的損失提供賠償，仍然有批頑固的農民選擇殺了再破壞追蹤器。

動物保育中心目前已和納國七百多位農民合作，但把「問題動物」移走後，中心不可能、也不應該接收所有動物，保育的最終目的是野放；國家公園的範圍有限，總會達到飽和，而獵豹需要更多願意接受牠們回家的私人土地。現在已經有農民會主動聯絡中心，要求為農場內發現的豹裝追蹤器；

人心也是在進步。

基於人道理由，動物中心不可以餵飼活體食物。每次要野放獵豹前，可能已經過漫長的等待，故需要重新訓練獵豹的野性，不得不以負面加強方式，像是敲打、以嚇吼的聲音驅趕。但洩氣的是動物中心還是會重複收到同一隻豹，像我在中心期間，有一隻花豹就已經第三度被不同的農民「退貨」，又要再找新家。

而文章開始提到的十九歲獵豹婆婆莎米拉，她被農民抓起來當寵物飼養，長年餵予貓狗飼料和雞肉（大貓不能只吃白肉），嚴重營養不良，十年前送到中心時很虛弱，無法再野放。在我離開中心數月後，年邁的莎米拉安詳的離開了這世界。比起一些同類，她至少安穩愉快地度過後半生。我仍不時想起她，那溫柔堅定的神情，訴說著野生大貓與人類和平共存的可能。

右上｜餵飼大貓時，要把肉拋進圍欄裡。

右下｜餵食前要先準備大塊的肉，搬動起來很費力。

上｜莎米拉聽力不好，常常要呼喊很久才緩緩走來。

右上｜紅外線偵察相機是調查動物的重要工具。

右下｜每一具殘骸都表示為多種動物提供食物，代表著希望，這正是自然法則。

上｜ Neuras 研究所屬沙漠地帶的邊陲，地貌很不一樣；這裡也有七隻獵豹，在山頭的固定範圍居住。

右上｜要收集腳印，就要用食物來誘導獵豹走過特別準備好的泥土。

右下｜我們要收集腳印時翻泥土，獵豹根本是貓咪，對於耙也忍不住當玩具。

上｜紫胸佛法僧（Lilac-breasted roller, *Coracias caudatus*）色彩豐富，是南非洲常見又易認的鳥類。

納國的沙漠，夕陽的光輝灑滿紅土大地，那邊廂明月也出現了。

當同類變成害蟲

小小（Shrinky）安安靜靜地坐在地上，她像掛著一抹微笑般嘴巴微張，頭不由自主的左右擺動，享受著微風和陽光。我把隨手摘下的乾草遞給她，她仍舊一樣的表情接下了。照護員摩西（Moses）說我可以輕輕地向小小的嘴吹氣，那黝黑的小臉更高興地搖晃著。忽然間一陣吵雜的尖聲高叫，是其他小狒狒在嬉鬧打架。小小害怕地緊貼我的腳，我安撫她後，她安靜地睡著了。沒有人確實知道小小發生過什麼事，只知道三年前這隻小孤兒被送到中心時，營養不良、視力受損，腦袋可能因缺氧或天生異常，不能像同伴般爬樹。

動物保育中心會是她永遠的家。

•••

有沒有想過，什麼樣的野生動物才需要我們介入和幫忙？

動物保育中心內最多的動物就是狒狒，大部分是孤兒、或曾被當作寵物而被警察充公的、或是農民想剷除的對象。中心內大約六十隻狒狒，按年紀和族群，分別住在不同區域。我在中心內和其他志工按照每天排班工作，針對狒狒的照顧就有清潔、準備食物、製作鞦韆、或是讓牠們需要花些時間才能吃到食物的小玩具……還有我最喜歡的——和狒狒們散步。

我特別喜歡靈長目動物，人類和其他靈長類動物的基因相似度達96%[2]，雖然說彼此差異還很多，但在進化過程中到底發生了什麼事，讓牠們繼續在野外生活，而我們成為了兩腳直立、自以為支配地球的人類呢？不管是什麼信仰的神或自然，都讓我對造物的神奇而著迷。

但一般人泛稱為「猴子」的靈長類動物，在很多地方並不受歡迎，30%更是達瀕危級別。特別是在非洲，很多本地人對狒狒（Chacma baboon, *Papio ursinus*）既畏又恨，因為牠們的聰敏，卻像失控的小孩一樣調皮搗蛋，破壞力驚人。我和當地人聊天，每當我說喜歡狒狒時，他們或是不解、或是厭惡。在納國打獵野生動物要向政府申請許可證，但射殺狒狒不用，也沒有法定獵殺季。因為對農民來說，狒狒就是害蟲（pest），他們會毫不猶豫地開槍。這也是為什麼中心內的狒狒不能野放，即使納國政府也不接受曾被人類照顧的狒狒野放。

我不會責怪當地人的想法，成年的狒狒身體超過一米長，跑起來像隻大狼犬般健壯，兩邊的犬齒能達五公分長，比肉食性動物如獅子的牙更長，被咬一口可不是開玩笑，還曾有花豹被狒狒咬傷。即使在中心範圍，我們遇到野生狒狒，保育員都會緊張地叫我們走開，千萬不要跟牠們對上眼。別誤會，狒狒不是生性兇殘，大部分時候是因為人類的不了解，以錯誤的方式對待。像正面眼睛對看，在牠們來說可是挑釁的姿態。

以為會來到動物中心做志工的人，理所當然也都愛動物嗎？狒狒在自詡喜歡動物的志工之間，反應也甚為極端。在IUCN中狒狒屬於無危級別，為什麼還需要保育和照顧呢？曾經有些修讀生物、甚至保育的志工和我說過，狒狒並沒有保育價值，養著只是浪費資源。像小小是很可憐，但大自然講求弱肉強食，牠會被淘汰，成為掠食性動物的食物，反而能令瀕危的動物飽餐；而終其一生地頭搖搖才不人道，不如早點下針「人道毀滅」。再推而廣之，孤兒動物雖然不幸，但也是自然法則，很抱歉卻不應該救；把資源投注在研究其他野生動物才有價值。

---

2 科學研究人類和巴諾布猿（Bonobo, *Pan paniscus*）、黑猩猩（Chimpanzee, *Pan troglodytes*）的基因相似度在96～98%，視乎不同研究數值會稍有差異。

沒錯，即使是做保育，每個人也有不同想法。可能我不是科學本科生，對事情的看法難以不帶感情地講求效益。但如果有一個智力遲緩的人呢？一個跛腳的人呢？是誰賦予我們判決生死的權力？

•••

我喜歡狒狒，所以我更相信來到動保中心就不應該挑工作。清潔狒狒的圍欄區域不算困難，我們只會等牠們出去散步時才進去。每次五、六人合力，推著獨輪手推車用耙和泥鏟，在一、兩個足球場大的範圍清掃清食物殘渣。比較困難的是清潔牠們的飲水／游泳池，水池本身沒出水孔，我們只能彎著腰用水桶一瓢瓢將水舀走，簡直是體能考驗。

準備狒狒的食物也讓部分志工害怕；很多人誤會猴類都吃素，其實大部分屬雜食性。像狒狒除了蔬果外，也會吃昆蟲、小鳥等，南非南部海邊的狒狒甚至吃魚、懂得開貝殼吃。所以我們平常會從超市捐出的過期（但沒變壞）蔬菜、中心的廚餘中挑出適合的食物，再混合小玉米粉（mieliepap）。這小玉米粉像非洲人的米飯，黏糊糊的一團。每次準備食物就像玩黏土一樣，整手整身都是。

要餵食幼年和少年狒狒基本上就是直接放到圍欄裡，但成年狒狒具有一定的攻擊性，住在有六米高圍欄的狒狒區，每區有五、六個足球場大，裡面除了人工水池外，環境全天然；我們站在卡車上，車在圍欄外慢駛，我們把搓成一球的玉米粉團和蔬果拋進去。照護員約翰尼斯（Johanes）大聲的叫喊：「過來呀！」一隻隻成年的狒狒出現了，牠們按照族內輩分和勢力走成一排。車一直開，我們一直丟，約翰尼斯會笑著罵我們：「叫你們餵狒狒，是要丟到空地上，不是餵到灌木！都丟到灌木叢怎麼搞的！」玉米粉團本身沒黏合性，所以即便搓成棒球型，還是會散開，邊丟邊弄得自己整頭都是，大家都笑翻了。

我最期待和狒狒去散步；幼年、少年的狒狒基於安全仍住在有蓋的籠內，所以每天早上都要帶牠們到曠野散步，和我在中南美洲的動物中心類似。牠們年紀約在一到五歲左右，我一走成群約二十隻狒狒就跟過來。牠們七嘴八舌地邊打鬧邊走，看到我垂下手，其中一隻把小手伸過來，我順勢把牠拉上來。沒錯，我就像牠們的計程車。有時候一隻抱在胸口，另一隻看到也要抱抱，兩隻就在我胸前打架；另一隻想湊熱鬧又跳過來，直接坐在我頸上、抓我的頭髮當扶手。我常常披頭散髮的，邊走邊輕撥開牠的小手；我都看不到路了！

這樣的工作對我來說是樂事，但狒狒畢竟不是溫柔派。牠們不會安於在一個人身上，走的過程會跳到不同志工身上、拉扯我們的衣服、甚至頭髮；要制止很簡單，彎下身、把頭髮都甩下來，牠們就又跑到別人那玩。體型比較大隻的，甚至能直接跳到我背上、再爬到我肩上。比較大的幾隻雌狒狒更愛從我們懷裡把小狒狒孤兒帶走，我們當然不會跟牠們搶；在牠們的族群結構中，有寶寶能鞏固自己的地位，表示著「我有在忙哦」，也有研究指這是為日後做母親的訓練。

每次散步大約十五分鐘後，我們會在野外坐下，有時候是大樹下、有時是水塘邊，狒狒們就像脫韁野馬般散開跳去玩。但狒狒也有不同個性，有的比較文靜，像小小愛留在照護員或志工身邊，有的玩到累了會走來抱著我們睡，有的愛打架、尖叫。有時牠們玩到忘形，我坐著也無聊，也會耍些小技倆把牠們引過來。先靜靜的躺在地上，好奇的狒狒會跑過來檢查、然後一隻又一隻的輪流翻我的頭髮找鹽和蟲吃（所以體毛旺盛的外國男志工特別受狒狒歡迎）；我總笑說牠們是最差勁的髮型師。然後我又故意站起來裝做若無其事，有隻狒狒跑過來拉著我的手，就可以跟牠們玩轉圈圈或飛高高的遊戲。牠們會發出像笑聲一般的「喀喀」聲，我也學牠們示好的方式，抿嘴唇、開合開合的。忽然「咚」的一聲，糟了，一隻狒狒從樹上跳進水塘，其他同伴也爭相玩跳水。天呀！整身濕答答又沾了泥的小狒狒，又跳到我身上取暖！

為了和小狒狒培養感情，中心內有時段可讓志工選擇進入幼年狒狒籠內跟牠們玩，我總是把握機會去參與，但部分志工會拒絕。因為狒狒玩起來很粗魯，把我們的頭髮當泰山的樹藤晃，一次扯斷一堆頭髮，每件衣服都從S拉扯變成XL。身上的髮圈、飾品都會被拉走（所以和狒狒接觸時不能戴飾品或雜物，但總有人忘記），最壞的情況是會被咬。本身對動物沒太多接觸的志工會怕、會叫，有的嚇到花容失色的幾乎哭著走出籠子，然後再也不喜歡狒狒了。

牠們的確會鬧脾氣，像我要幫其他志工取回橡皮圈（其實是怕牠們吃掉搞壞肚子）、或根本什麼事都沒做，一隻狒狒生氣了看我就咬，起先算是玩的假咬，但一隻咬別的也跟來，有一次同時間四、五隻都在咬我，很痛很痛，但我知道不能叫，愈叫只會嚇到牠們，讓牠們咬更兇。還好這年紀的狒狒還沒長出尖尖的犬齒，但我的手臂、腿、腰都是瘀青，走路都會痛，其他志工還以為我被家暴了。我沒害怕或生氣，只是有點難過和失落。小狒狒們呀，我們不是好朋友嗎？你們不是才抱著我睡覺嗎？但當然，後來我調適心情，牠們並未馴化，那就是野生動物的本能呀。

•••

我當時剛好趕上做狒狒保母，一歲以下的狒狒和人類寶寶一樣，需要媽媽的懷抱。我覺得照顧狒狒，最能看清一個人是否真心喜歡動物。那時我住的宿舍比較遠，每次做保母都要到處找住得近的志工收留我。因為狒狒調皮搗蛋，房間雜物要收好、晚上不能睡好、早上必定被吵醒；有的外國志工很愛講求「公平」，覺得不是自己的責任卻要受打擾（別問我為什麼他們來做志工）。我曾多次被不喜歡狒狒的志工拒絕過，當找到有志工肯收留時，就像流落街頭的母女倆般的開心和感恩。

晚飯後接過我的狒狒寶寶浮宜（Vlooi），先調好奶粉、泡奶、餵牠一瓶。小小隻的浮宜餓了也睏了，很迅速就把奶喝完，但還是咬著奶瓶頭，稍一拿開就尖叫。在睡前也要先幫牠包尿布，我連人類寶寶都沒幫忙包過尿布呢，但我肯定狒狒的難度高上一百倍！市面上並沒有狒狒專用尿布，要怎麼把尾巴伸出來？先用牙齒在尿布上咬開一個小洞（對，用牙咬，不是用刀或筆或利器，這樣的效果最好），洞太細會不舒服，太大又會漏屎尿。人類寶寶都是躺著一團任人擺佈，但狒狒寶寶卻不可能放手，牠像無尾熊般抱著我，身體要有接觸才有安全感，嘴要咬著奶瓶才不會尖叫。浮宜是男生，包好之後，還要把手伸進尿布檢查小雞雞的擺位，一定要朝下放，向上的話尿會噴射。然後挑戰這才正式開始！

我帶著浮宜回帳蓬，保育員說只要捉著狒狒的二頭肌、輕托臀部就行。納國的冬天出奇的冷，在零下氣溫我平常都要蓋兩條毛毯、棉被和熱水袋才夠暖；但一隻暖呼呼的狒狒竟也成為最佳暖暖包。牠抱著我睡覺，實在太可愛了！有時候也會鑽到我手臂內、或移到大腿附近坐著睡，總之一定要和我有身體接觸，真是甜蜜。但畢竟有個寶寶在身邊，我只能淺眠。直到半夜忽然覺得濕濕的把我驚醒，浮宜尿床了！還好狒狒尿除了很大一泡之外算是無色無味。但我只能在手電筒的燈光下為牠換尿布，牠動來動去，一直要貼著我，尿布又很難脫掉，到底平常媽媽們是怎樣換尿布的呀？好不容易在黑暗中包上尿布，我累得倒頭又睡著，尿床的地方先隨便用毛巾鋪著算了。

直到早上五點，熟睡的浮宜醒來要玩鬧了。我只能忍著外頭的寒冷，帶著牠出去泡奶。我的膀胱也要爆炸了，只好帶著牠一起上廁所，又是一樁難事。在我穿回褲子時，牠竟乘機跳上廁所的牆，我要成為走失狒狒第一人嗎？趕緊把牠捉下來、泡奶、回帳篷。傳說中的惡夢來了！尿布內傳來惡臭，又是艱難地才打開尿布，牠馬上跳來跳去，便便弄得床鋪到處都是、跳來跳去又到處黏。我問室友，「奇怪，你的 Kindle 怎麼濕濕的？」不對！是尿！之後牠再到處便便，回到我的懷抱後，又在我大腿上灑了一大泡暖暖的……

我不怕弄得一身髒，把屎把尿也沒什麼可怕，狼狽中也是好笑居多，看著牠抱著我就值得了。有些志工經歷過一晚就怕到，一臉崩潰；有的被屎弄到滿臉滿頭，有的情況則是狒狒早上脫韁似的跑回籠子。自尊大受打擊之下，好多人都拒絕再試。我做了幾次保母，總是和那些志工說：「牠們是野生動物寶寶，愛玩、會排泄也很正常呀。牠們不是你家的寵物貓狗。」我記得馬拉威保育中心的負責人跟我說過，你愛動物嗎？那想想你做的事，是如何能幫到動物，還是只為了讓你 po 臉書、自我感覺良好。很顯然，喜歡寵物和野生動物的存在，和喜歡照顧牠們是不一樣的事情；這也是為什麼野生動物不應該被當作寵物。

•••

回到當初的問題，什麼動物才需要我們伸出援手？前面介紹過，這個動物保育中心約有半個香港島大，除了有固定的圍欄區照顧不能野放的動物，本身也是一個生態保育區，有幾千隻的野生動物和鳥類。我們每星期都會進行野生動物數量調查[3]，站在卡車上記錄觀察到的大型動物。我們看到一隻野生的黑背胡狼（Black-backed Jackal, *Canis mesomelas*）有疥癬蟲症，保育人員只做了記錄並沒有多做什麼，因為這是自然疾病，牠可能很快就成為其他猛獸的晚餐。

而狒狒呢？在南非開普敦的狒狒一直造成當地人困擾，曾經有好心人餵飼過、或不慎留下食物，再加上城市發展，失去天然環境，讓當地的狒狒像強盜，搶劫食物和毀壞財物。當地政府無計可施下，把該區成年狒狒全部都擊殺。一個愛動物的好心舉動，最後變成害死牠們。

今年（二〇一八年）中心有個可怕的發現，有農民把狒狒媽媽和寶寶塞進一個黑色垃圾袋，棄於路邊，讓牠們曬死、餓死、渴死，夠可怕了嗎？還不夠，袋子裡還倒入柴油，會讓皮膚慢慢潰爛。

在被發現前媽媽就已經死去，滿身傷口的狒狒寶寶獲救後也沒撐多久就過世了。像一般農民因保護農作物而直接槍殺，還比較能理解，但對和人類如此相近的狒狒婦孺下這種毒手，人類的可怕比任何動物都恐怖。

中心的創辦人路迪（Rudie）給了我一個很好的答案：遇上孤兒動物，基於人道理由我們會插手照顧。而其他野生動物如果是因為人類造成的問題而受傷，就更責無旁貸。像中心內有一隻超級胖的狒狒曾經是警察的寵物，被警察充公送來；牠嚴重超重三倍，行走都很吃力，那人還餵牠吃煙蒂、喝酒，我們現在要幫牠減肥。而其他還有遭農民捕獵、殺害的狒狒，牠們會跑到城市或農場是因為氣候變遷、雨量不足。不平衡的生態環境，不也是人類造成的嗎？

儘管我不是教徒，但想起小時候讀過的《聖經》故事：「一個人若有一百隻羊，一隻走迷了路，

3野生動物數量調查（game count）會記錄固定區域所看到的大型動物，詳細記下目擊種類、日期、時間、方向、距離等資料，再以公式估計區內的動物數量，從而反映氣候的影響，是否有足夠天然植物或動物供野生動物存活等，是多目的性的重要調查。

你們的意思如何？他豈不撇下這九十九隻，往山裡去找那隻迷路的羊嗎？若是找著了，我實在告訴你們：他為這一隻羊歡喜，比為那沒有迷路的九十九隻歡喜還大呢！」（馬太福音十八章·12-14節）

我遇上很多人對動物有很多意見，坐在家裡敲鍵盤打口水戰很容易；很多保育問題都沒有答案，Google查不到，措施甚至要等一、兩個世代才看得到成效。但動物不能等待，保育是持續的過程。為別的生命帶來改變，答案也就是那麼單純。

小小整天張大嘴巴自顧自地頭搖搖，有的人初見面會怕，但牠是最可愛的狒狒。

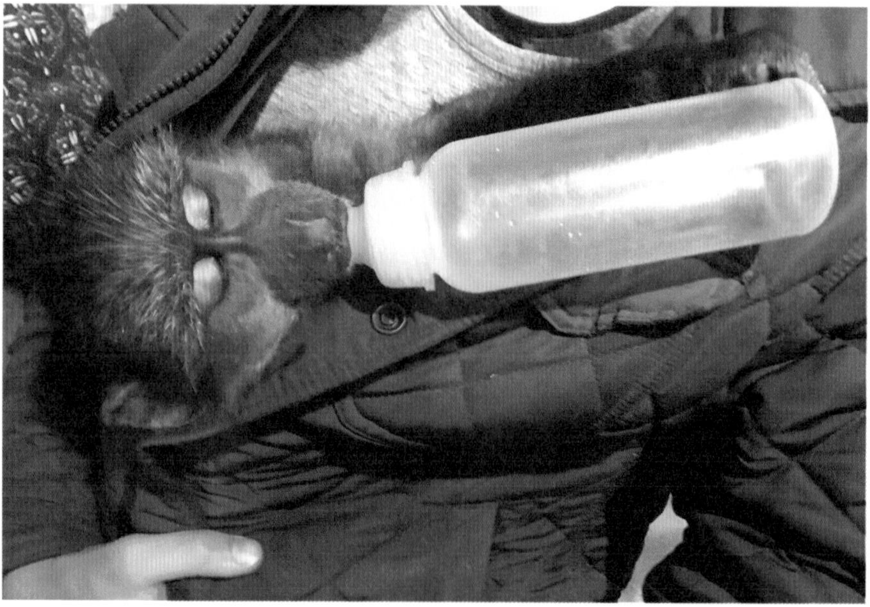

右上｜狒狒的食物就是這些球，以小玉米粉混合蔬果而成。

右下｜做狒狒保母時，狒狒寶寶睡著了也要咬著奶嘴。

上｜帶著狒狒散步，讓牠們自己去發掘自然，玩累了就倒在志工懷中睡。

右上｜玩到累了，我們是狒狒的床。

右下｜大隻的成年狒狒住在另一個圍欄區，車子慢開，我們邊丟食物進去。

上｜我們在中心內準備去統計野生動物數量，剛好碰上當地人放牧羊群。

冬天的納國，枯黃的草原中，單獨的斑紋角馬（Blue wildebeest, *Connochaetes taurinus*），更顯天地的蒼茫。

天生壞人臉受害者

面前的牠像一隻普通的小狗，只有兩個月大的棕鬣狗（Brown Hyena, *Hyaena brunnea*）寶寶在享受自由的大地。牠好奇地發掘每個灌木林，有時候又跑到照護員阿伯拉罕（Abraham）腳邊坐下。還小的牠已發展出鬣狗類獨特的身體結構：肩膀明顯比臀部高又很有肌肉，和大部分四足動物後腿較強壯相反。鬣狗類一直是非洲農民的眼中釘，但這隻棕鬣狗卻是農民救回來的。牠的母親因為壓力而殺掉剛誕生的小寶寶[4]，只剩牠剛好撿回一命。雖然如此，但鬣狗長大後卻依然因為動畫片及既定形象，往往被視為動物界的壞人而飽受威脅。

• • •

納國的其中一個獨特之處，在於擁有多變的地貌，特別是遼闊的沙漠。我從首都溫荷克的動物保育中心，來到車程八小時外，位處納米（Namib）沙漠中的Kanaan研究所。這裡是進入納米沙漠範圍的最後一個農場，從前的主人在這瘋狂任意獵殺野生動物。保育中心買下後，除了研究區內的野生動物、協調農民和野生動物的衝突，也做沙漠景觀保護，以及培植日漸稀少的原生植物。

這裡達三萬三千公頃，約相當於三分之一個香港大（比台北市大），但常駐人員只有十六人。我喜歡沙漠的無邊無際，每天醒來，沙丘都因風向、陽光，呈現出不同的顏色和面貌。細沙，時而溫柔地圍繞，時而暴烈地拍打。時間在這裡像沒流動過，電話和網路訊號似有還無，我常常和其他志工打趣，地球變成喪屍世界我們也不會知道。納國鄉郊的農民，正是過著如此自封的生活。

城市生活讓我們和大自然切割，很多人從孩提時對野生動物的認識，都從童話故事開始。作家們讓動物背負擬人的個性，鯊魚、野狼、狐狸、蛇等都是「壞人」，也讓很多動物遭人類驅逐。但在大自然裡沒有分忠奸，有的只是殘酷的物競天擇。在非洲，一直備受白眼的壞人代表是鬣狗（Hyena, *Hyaenidae*），也就是《獅子王》中壞人嘍囉。

Kanaan 研究所的研究對象是獵豹和斑點鬣狗（Spotted Hyena, *Crocuta crocuta*）；豹的形態和速度吸引不少人，但斑點鬣狗呢？壞名聲包括：狡猾、兇殘、醜、髒。是的，醜也變成是種罪。所謂的非洲五霸[5]讓很多人慕名而來，而斑點鬣狗就和疣豬（Warthog, *Phacochoerus africanus*）、禿鷹、角馬、禿鸛（Marabou, *Leptoptilos crumenifer*）並列非洲五醜。又醜又未瀕危，為什麼要研究和保育牠們呢？

保育研究員凱奧（Kyle）一臉正經地笑說，他最討厭《獅子王》了，斑點鬣狗其實是最酷的動物。我跟著他，也認識了很多以前未曾想像過，關於斑點鬣狗的知識，牠們可是極有趣的動物。雖然說目前還屬無危，但農民的態度也很重要，像有一位就不諱言自己曾殺過五隻斑點鬣狗。非洲文化中普遍也視斑點鬣狗為邪惡象徵和跟巫術有關；牠們目前雖被視為無危，但估計在非洲總數量也不過是兩萬七千至四萬七千隻左右，近三十年納國國內也欠缺對牠們的數據。在種種不受歡迎的威脅下，提前防範總比發現瀕危才保育好。

我們協助斑點鬣狗的研究，首件工作是有如電視劇中的案發現場調查。之前說過這範圍原屬私人農場，農場正中央有公路貫穿，前主人在公路兩旁都設了約一米高的圍欄，主要為防牛羊被車撞。但圍欄設計對野生動物卻很不利，區內主要的野生動物南非劍羚為了找食物，跳過圍欄時很容易被絆倒；

4 殺子行為（infanticide）指成年動物殺死同種初生兒的行為，不少哺乳類動物都因不同原因殺子。

5 非洲五霸（Big 5）包括獅子、花豹、犀牛、大象、非洲水牛（African buffalo, *Syncerus caffer*）。

這一絆可不是說笑，凱奧曾見過南非劍羚一躍就扯斷腿，或者絆倒卡住後就再也拉不出來，只能在絕望中渴死、餓死或被斑點鬣狗、獵豹活吃。我們志工平常會幫忙編新的圍欄，取代舊的恐怖圍欄，但佔地大、耗時長，不可能馬上全換（幸好截稿前已快換完了！）。研究員看到不幸的南非劍羚，會寧願一槍讓其人道死亡。說實在，看到這種情況，我還真不認為自己有膽量扣下板機。

研究員會把這樣取得的南非劍羚放在沙漠上作餌，設下所謂的誘餌點，以了解斑點鬣狗的出沒和進食情況。我們記下南非劍羚身體部位分散的狀況（被吃過當然不會是很整齊的全屍）。怎麼知道南非劍羚是斑點鬣狗吃的而不是大貓呢？一來大貓都不吃腐肉，二來斑點鬣狗的牙齒強壯到連大象的骨頭也能啃碎，是唯一會連骨頭都吞下的動物；三來，是看牠們的糞便。牠們屬群居動物，喜愛以分散的糞便來顯示地盤；因為吃骨頭，糞便比一般動物的要更快呈白色，很好認；牠們的腳掌和肛門也有腺體，能留下氣味。幸好沙漠乾燥，但不小心走到迎風面時，腐屍的味道還真不是蓋的。憑著多種資料，研究員就能設偵查相機，估算區內有多少派系的斑點鬣狗，派系之間的關係、數量等資料，可用來幫助協調與農民的衝突。原來做動物保育，也好像做警探。

• • •

我們常用眼睛判斷，以為看到的就是事實的全部。在不少納國農民心中，只要看到牛隻牲畜死亡、或是被吃掉，就會聯想殺牛兇手是斑點鬣狗，不會去設想牲畜自然死亡的可能性，包括病死、吃了有毒植物、被圍欄絆倒等等。甚至曾有農民故意把摻了毒藥的南非劍羚屍體丟進保護區中，以為把斑點鬣狗毒死問題就解決了。殊不知殺死的不只是斑點鬣狗，還有一大堆動物，像禿鷹、胡狼，甚至獵豹、獅子也可能好奇去咬一點而被毒死。

農民更不知道，斑點鬣狗是幫助他們的關鍵物種[6]。斑點鬣狗是厲害的掠食者、也是食腐動物，牠們的身體對很多致命病毒免疫，表示牠們把病死的動物吃掉也不會被感染。在年年乾旱的納國，不少草食性動物集中在有水源的地方，但未必有足夠的植物，很容易因營養不良而患病。斑點鬣狗不論是捕獵體弱的動物、或是吃屍體，都能避免疾病傳染至牲畜。牠們的糞便含鈣量豐富，很多動物會吃下補鈣。沒有斑點鬣狗獵食草食性動物，後者數量大增，會吃下大量植物，導致生態不平衡外，牲畜也沒食物吃。就現實考量來看，斑點鬣狗也有關鍵的經濟作用。

---

6 關鍵物種（Keystone Species）是指對保持生態平衡結構起重要作用的物種，如果失去會對生態系統產生劇烈而負面的變化。

在非洲野外生活，晚上不時會聽到斑點鬣狗的「笑聲」，有時是高亢的嗚嗚聲，如動畫片所示，像人類的竊笑聲，每次聽到我都很想笑。但牠們不是笑，而是在提醒同伴有威脅，動物學家發現斑點鬣狗能發出十四種聲音來溝通。很多人覺得斑點鬣狗齜牙咧嘴的樣子很醜，但我覺得牠們那不合比例，像動畫熊的圓頭大耳很可愛。當接觸和了解過後，就更覺得牠們獨特得神奇。

凱奧常說笑，自己有幾個姊姊，一屋子的女人，自己的成長過程像隻雄性斑點鬣狗。斑點鬣狗屬母系社會，和大部分動物不同，雌性比雄性體型大且強壯；共同打獵後，最高級的雌性會先進食，再到次級的，雄性只能撿剩食。原來雌性的睪固酮比雄性多三倍，連小女鬣狗寶寶也比哥哥叔叔地位高。如果領導的雌性不受歡迎，其他雌性還能聯合起來迫牠下台，重新選出首領，民主之外也簡直是女權代表動物呢！更意想不到的是，雌性擁有能夠勃起的假性陰莖，其實是陰蒂的形狀和位置像陰莖一樣，所以光從外表只能從體型尺寸推斷性別。雖然聽起來很酷，但想想看，這假性陰莖能達十五公分長，分娩過程很痛苦和困難。有研究指出六成的鬣狗寶寶會在生產過程中因窒息死亡，母親也能因假陰莖撕裂至死。無論雌雄，生存都不是件易事。

我因為一次意外而和斑點鬣狗第一次接觸。研究員在一處獵豹常出沒的樹下設了誘捕籠，以便為牠套上GPS追蹤頸圈。當天我們開車去檢查，研究助理遠遠看到籠子內有東西，馬上緊張地叫我們別動。保持幾百米遠的距離，以望遠鏡視察後，竟然是一隻斑點鬣狗在裡面！這是每個動物研究員的惡夢，因為他們知道，斑點鬣狗的抗壓性很低，被忽然囚禁很容易因精神緊張而死亡；曾有案例把斑點鬣狗釋放幾個小時後，牠就猝死了。正常來說，牠們嗅覺很靈敏，不應該會走到獵豹常出沒的樹下呀！

無論如何，意外已發生。凱奧前一天才檢查過籠子空空如也，但斑點鬣狗每被多困住一分鐘，對牠就愈危險。但我們也不能在沒匯報下隨便行動，本來想用無線電通知在基地的凱奧，但在非洲真的什麼事都能發生。沙漠沒電話訊號，無線電也剛好壞了，沒辦法只好殺回基地。平常沙漠駕車有限速、軟軟的沙丘很顛簸，這下都不管了，但飆再快也花了一小時才回到基地。匯報後再花一小時回到籠子一帶，時間真是每一秒都嫌多，只能在內心祈禱斑點鬣狗無礙。

凱奧不讓我們走近，一來不想嚇到牠，二來斑點鬣狗是群體動物，不知道附近有沒有同伴，三來為我們安全，誰知道無辜被困的牠會不會因為嚇到而攻擊我們。我們離籠子起碼五百米，凱奧雖然怕被咬，還是得爬上籠子拉開閘門。還好牠情緒算穩定，只咬了他的鞋邊，馬上就消失在沙漠中。

因為天色已暗，我們雖擔心牠會猝死，但還是要停止行動。

回到基地我們馬上檢視那裡的偵查相機，一看不得了，原來牠被困了八小時以上，這對斑點鬣狗的心理負擔太大。但貼心的是，有兩隻斑點鬣狗在籠外，一直試圖打開籠子及安撫同伴，直到我們發現前才離開。這和人們普遍印象中的狡詐、殘酷正好相反。

當天晚上剛好出了點狀況，有隻馬生病了要輪流通宵照顧。每個人都又冷又累，但第二天我們仍回到籠子一帶，邊尋找邊祈禱不要有收穫才好。我們順著斑點鬣狗走的方向，細細跟著牠的腳印；牠們走路的方式特別古怪，如右前腳踏前，左後腳又會踏到右前腳旁，形成像鴨子的外八型腳印。但理論如此，在沙漠有幾百隻動物的腳印，風沙影響下並不好找。我們花了一個上午，不確定有沒有同伴來找牠，但至少沒找到牠的屍體，是好事。

晚上我們來到沙漠一處乾涸的儲水池露宿、設誘餌點；我們先把南非劍羚屍體放好（來源如前所說，工作人員先把屍體切割了，我中午時甚至和凱奧帶著頭顱和身體來場勘；一路上還要扶著頭顱，小心不被牠尖長的角刺傷），爬進五米高的儲水池。圓形的水池旁有三米高的圍牆，不亂作怪基本上動物不會來攻擊。沙漠的晚上只有幾度，這裡已乾旱八年，去年整年更只有二十二毫米的雨量；

誰知道要露宿時，竟下起雨來，又冷又濕，我們都像條毛蟲在睡袋中包得緊緊的。

「斑點鬣狗！斑點鬣狗！」我不知道凱奧怎麼抵得住冷和睏持續監視，但聽到他說馬上彈起來。在微弱的手電筒光下，看到那身斑點和比例古怪的身型。害羞的牠是單獨來的，凱奧估計就是之前誤困的那一隻，雖然仍落單，但看來身體不錯，能吃能走，還生存著，太好了。

• • •

我幾乎想不到有什麼動物不可愛（昆蟲不算動物嘛……而且昆蟲也很有用），即使是被喻為非洲五醜的斑點鬣狗、疣豬我也很喜歡。動物中心內有隻小疣豬史巴奇（Specky），每次我拿著食物，就屁股翹翹地跑過來，邊吃、豬鼻邊把食物擦得我滿鞋都是。每晚要帶牠回室內睡覺，又要在圍欄玩奔跑抓豬的遊戲。醜？有時候人類才醜吧，我真不懂醜字怎能寫在牠們身上。

很多人怕蛇，不只是非洲人，有研究指出可能源於生存本能，有三成人是天生怕蛇。即使在看似文明的美國，每年在德州舉行響尾蛇節時，超過三萬人聚集，以斬首的方式殘殺蛇，小朋友甚至剝蛇皮、以蛇血打手印。而非洲人呢？大部分都很怕蛇，即使是大學生也還迷信蛇是魔鬼使者，會眼睛滴血的從樹上吊下來，為快感而殺牛隻。根深蒂固的觀念，只能靠教育慢慢改變。

我不怕蛇，把訓練過的蛇放在肩膀上沒什麼大不了，但也不想在野外遇到毒蛇。有一晚我和志工們走回營地時，在路上看到一隻細如蚯蚓，半隻手臂長的蛇。因為怕被車輾碎，半夜還是急忙請保育員來處理。本來還以為是條無關痛癢的小蛇，會被保育員嫌大驚小怪。結果他們判斷是條成年毒蛇，只是天生就小條；記錄後第二天就野放了。

在動物中心另一個我喜歡的活動是認識蛇，由蛇專家范斯華（François）講解納國的毒蛇。我喜歡聽蛇的知識，他也會把抓到還未野放的蛇拿給我們看，連非洲人最怕、長達四米的黑曼巴（Black Mamba, *Dendroaspis polylepis*）、會站起向眼睛噴毒液的鼓腹蝰蛇（Puff Adder, *Bitis arietans*）也能目睹，我總聽不厭他的熱心講解。很幸運地，有天忽然接到電話，范斯華要出動捉蛇了。

我們趕到附近一座度假中心，在員工帶領下來到一棵樹下，找了好久，原來是一條青色的毒蛇，完美地隱藏在樹上。范斯華觀察了一下，估計蛇長約一米六，因為旁邊有其他樹，怕蛇會「跳」到旁邊的樹逃走，所以看準了位置和時機，他用長工具捉住蛇頭，另一位志工就用工具捉住牠的後半段身體。因為蛇身很長，還是花了好一番工夫才把牠放進筒內。

捉了蛇之後，仔細觀察，是一條很漂亮的青蛇，眼睛大大的很可愛。我們開車到一處小水塘，把蛇放生時，蛇快速在水面游過，姿勢好美！范斯華說這裡有遮掩的植物，有水，有小動物和昆蟲做食物，牠應該能在這兒安居了。臨走前，他淡淡地笑說：「能夠把這麼美麗，但又很多人討厭和害怕的動物，重新安置在一個地方，讓牠安然生活。我的工作和生活，一切都值得了！」嘩，這忽然的一句，也太帥氣了吧。動物保育的意義，特別是針對被人討厭的物種，不就是這樣嗎？

後來我在登山健行時，也遇到了蛇；但像范斯華所說，大多數的蛇很怕人，鮮少會主動攻擊。我稍微後退、給予空間，蛇馬上消失在草叢裡，沒什麼可怕。蛇也是關鍵物種，幫忙吃掉老鼠及其他齧齒動物，減少疾病傳播；其他掠食性動物能吃蛇，蛇毒也有醫療用途。范斯華在納國小有名氣，不少在首都的人會打給他幫忙抓蛇，旺季時一天能出動好幾次。能讓當地人請專家抓，而不是自己把蛇打死，已是很大的進步。

每個人多少都有外貌協會的心態，但保育不僅限可愛、漂亮的物種，我們也沒必要因恐懼而殺掉其他動物。動物中心的棕鬣狗還是寶寶，讓人覺得可愛，但有一天牠長大後，也不過是以鬣狗的天性生存。每種動物在大自然各司其職，就是牠們的價值。

右｜我們帶兩個月大的棕鬣狗到野外散步，雖然仍小小隻，但肩膀明顯有肌肉，前肢比後肢壯。

上｜凱奧放出誤進籠子的斑點鬣狗。

右｜范斯華會以不同粗細的塑膠管套著蛇，仔細目測蛇身有沒有受傷，量度身長等資料。

上｜保育研究員凱奧帶我們在案發現場，調查南非劍羚屍體被進食的情況。

右｜當地最著名的索蘇維來（Sossusvlei）沙丘，其中的沙丘 Big Daddy 頂峰達 325 米，美得壯觀，顯出人類在天地間的渺小。

上｜在埃托沙國家公園上演著一幕，可憐的跳羚（Springbok, *Antidorcas marsupialis*）成為獅子的大餐，黑背胡狼等著撿剩食，這就是自然法則。

農民夢魘牛殺手

天色開始暗，我們追蹤區內的大象群但還是一無所獲。研究員馬克下了吉普車在樹下巡視，我和其他志工在嬉笑。忽然一隻象從樹林中冒出來，我們馬上瞪大眼噤聲。野象群可不是開玩笑的，發怒起來能輕易用鼻子把人捲起來摔、或用鐵頭功撞。馬克仍不知情地背對我們，大伙只能盡量輕聲呼喊他。另一隻大象又接著出現，果然如馬克之前所說，這龐然大物腳步出奇安靜，能一聲不響地出現。我腦海幻想如《侏羅紀公園》中的畫面，還好有經驗的馬克回過頭來，冷靜地靜觀其變。兩隻大象看看車子，吃著樹葉慢慢在車子和樹間走過，大家幾乎都不敢呼吸。沒有真實和野象面對面過，還能怪當地農民不喜歡牠們嗎？

•••

說大象是聰明又有情感和記性的動物嗎？我絕對相信。幾年前我在南非的大象保育園，一群大象在我面前，聽到遠處同伴發出求救聲，忽然整群狂奔去幫忙。瞬間塵土飛揚、宛如喇叭的聲音震耳欲聾、腳下的沙土震動，場面讓我一直難忘。來到動物中心，和大象也有刻骨銘心的接觸。一天象區有突發狀況，其中一隻象長期受同伴排擠和欺負而受傷，健康狀況很差，要請專家來動手術。我們就好比在看現場版的《動物星球頻道》，兩位獸醫緩緩地用手術刀切開已打鎮靜劑昏睡的大象，手伸入厚皮內，把壞死的組織拿出來後，再用水管灌水清洗傷口、塗藥劑；老實說，一團團的血塊、不斷流出來的血水，場面很血腥。

沖出來的血水太多會淹到大象，保育員連忙挖開周邊的土，流出一條血水河。醫治完一側，十幾個人一起出動將大象翻身到另一側。治療完後，再打一針讓大象醒來。這是關鍵時刻，大象能否康復，第一步在於牠可否自己站起來。要知道大象的體重對肌肉和身體負荷很重，在野外也不會躺下睡覺。牠醒來後想撐起身，但在藥物和傷口影響下，像隻翻殼的烏龜，翻來翻去都站不起來。我在心裡吶喊為大象打氣，希望把力量傳給牠，眼眶也不住紅了。掙扎了將近十分鐘，大象終於站起來，穩住腳步了！我很用力地忍住開心的淚水。

過了一星期，我再被安排到象區執夜班，每小時都要爬起床去巡視大象的情況。牠做過治療後健康沒好轉，更不肯進食。我們要注意不能讓牠坐下或躺下，不然肌肉負荷過重恐怕就再也站不起來了。一看到牠我真的心碎了，牠是這麼的瘦，傷口流出液體、腳步顫抖，我見猶憐原來是這樣子。

怕人多不好意思，到半夜一個人去查看大象時，我一直跟牠精神喊話、加油打氣。隔壁的兩隻大象氣沖沖的、想衝過圍欄似的。就是因為牠們的欺負和排擠，這隻大象才受傷的。「你不用怕牠們！你們已經分開住了！你要多吃點東西，身體好起來，長得比牠們更大、更壯呀！」我不確定牠能否聽得懂，但牠總是走近我，從圍欄中伸出象鼻。雖然我們不能碰牠，但我忍不住也伸出手去摸象鼻回應，牠再用象鼻前端像手指的部分抓住我的手臂，我只能忍不住淚重複打氣。牠真的很可愛，很想和人接觸呀！

五天後，牠離世了。這是我在非洲，初次體驗到照顧的動物死亡，也是旅程中最難過的事情。

•••

如果說大象是牛殺手，你會相信嗎？就連小孩也知道大象是草食性動物。

我坐了十二個小時的車，來到納國東北部，動物中心的另一個研究所 Mangetti，這裡是亞熱帶灌木林地，比起首都溫荷克，也明顯有更多高樹和灌木。其他研究所屬自成一國的保育區，這裡則是和半政府機構營運的 Kavango 商業牧牛農場合作，我們和農民住宿在農場內，更能了解他們和野生動物之間的矛盾和困境。

來到農場，即使是冬天，氣溫明顯比沙漠熱多了。農場佔地達一千八百平方公里，比整個香港還大上一倍半，分為四十個小區，管理公司聘請本地黑人農民打理；連同農民及家眷在內，整個農場就住了兩千人，根本是小鎮的規模了。當我們跳上吉普車去做調查，馬上見識到農民們的惡夢威力有多大。

有別於我們印象中溫馴的大象，對農民來說，非洲草原象（African bush elephant, *Loxodonta Africana*）是破壞之王。在非洲大地最重要的天然資源是水，這裡雖沒沙漠乾旱，但同受全球氣候變遷影響。我們經過很多儲水池，都被大象踐踏成扭曲的鐵圈。牠們每隻每天平均要喝五十加侖的水，當然，成年象把鼻子伸進去就能喝水。但每到繁殖季節，象媽媽為了讓象寶寶喝水就會把水池破壞，結果就讓水池崩壞，牛和象都沒水喝。另外，為了分隔農場的牛群，除了農場外圍，每個小區也有圍欄和柵門。但三米高的大象沒有去不了的地方（除了通電的圍欄），隨意一腳就能把圍欄變廢鐵；即使牠們不吃肉，但身形那麼高大，沒注意看時把牛逼迫到圍欄上壓死、踩死也偶有發生。當大象進入狂暴期（Musth），雄象的眼和耳朵之間的顳腺會排出焦油狀液體，睪固酮比正常高六十倍，正是發情又暴躁的時期，也會對農民和牲畜造成威脅。雖然我喜歡大象，但親眼目睹跟坐在電腦前看完全不同，我終於真切明白農民討厭大象是合理的。

大象只是按照天性生存，保育員能做的不是單純地保護大象、告訴農民要有愛心就好，最重要的是為他們提供策略，減低人象矛盾。農場範圍內有六十五隻野生大象，其中兩隻安裝了GPS追蹤頸圈。每天早上我們都會到唯一有網路的農場管理辦公室，下載大象過去一天的路徑，再發訊息給相關人員，推測當天大象的活動範圍。管理公司會避免牛隻在區內放牧、注意圍欄有沒有受破壞要修理、提醒農民注意安全等。追蹤頸圈已裝了幾年，電池電力變弱，網路又龜速，常有時間誤差。要再換一次頸圈可不簡單，野生象沒受過訓練，要下麻醉藥再裝頸圈很花時間和金錢；大家都只能先撐著，祈求電池能長壽點。

要讓農民對大象安心，家訪也很重要。農場的四十個區塊都有區長，有的仍住傳統草屋、有的則住較現代的平房；剛好有位區長遇到大象，嚇得半死，向管理公司申訴，我們就去找他訪談。原來他晚上尿急到屋外解決時，剛好碰到象群在屋外的儲水池喝水。「我好害怕呀！」他多次強調。問他看到的象有什麼特徵，他說是隻戴有追蹤頸圈的公象。我們面面相覷，再問他怎麼肯定是公象？他有點靦腆：「我看到後面的第三隻腳，超級大的！」雖然覺得狀況有點搞笑，但也令人狐疑，因為戴追蹤頸圈的兩隻都是母象呀。研究員做家訪，事後也要分析供詞的可信度，動物是否被冤枉。

後來倒是從偵查相機的照片，發現戴頸圈的公象，估計是別的保育機構安裝的。

我們也常去架設偵查相機及收集記憶卡資料，但大象好像很討厭相機，不知道是長鼻聞到、還是耳朵聽到輕微的聲音，總把相機玩個稀爛。馬克知道大象嗅覺強，就在相機塗上牠們最討厭的辣椒水，還是沒辦法拯救相機，讓他很苦惱。農民也面對差不多的困擾；這裡的泥土像沙，只有非常少部分土地適合種玉米。但大象也愛吃玉米，半夜走到田裡把收成都捲起吃掉；很顯然，在圍欄塗辣椒還是不太有效，大象餓起來也不怕辣了。

雖然有追蹤頸圈，但研究員還要觀察大象的狀況，了解牠們的族群、數量變化和健康，必須靠相機和親眼視察。我們跳上吉普車，但農場內沒網路，只能靠早上在辦公室收集的 GPS 資料預測。當然也要用到「動物偵探」法，閱讀路上的大象糞便新鮮度、以及達半身大的象腳印深度。之前提到裝頸圈的只有母象，是因為大象會分族群生活，年長的母象像女長老（matriarch），會帶領牠的女兒們和幼象生活，成年的公象就被趕出去自立；頸圈戴在女長老身上才能接近較多大象。我們一直開車在農場穿梭，馬克預期差不多接近象群時，我就舉高手拿起兩根天線，站在車上慢慢轉圈。如果大象夠接近，方向又正確就會有嗶嗶聲。好幾次雖有微弱的嗶嗶聲，但灌木林實在太厚，什麼都沒看見。

「不要以為大象重達六噸，動作會很粗魯大聲。牠們是最安靜的動物了！牠們常出奇不意地出現，很神奇！」馬克說。這裡的大象不像國家公園的象群對人類見怪不怪，不覓食覓水時都會盡量躲藏。馬克說只要花點時間逗留，靜靜地做自己的事，躲起來的大象知道沒威脅，自然會現身。直到我第一次看到牠們，歷時二十分鐘在驚喜和害怕馬克有危險的同時，也深深慶幸牠們對我感到安心；逕自享受樹葉的美味，再慢慢走開。聽到我們那《侏羅紀公園》式的幻想，馬克笑死了。「你以為大象會站在車子旁看你，然後把車推倒嗎？」

•••

農民的煩惱不只一種，大象雖然破壞性強，但畢竟是草食性動物。在這農場內，他們討厭的，是非洲第二瀕危的肉食性動物[7]，非洲野犬（African wild dog, *Lycaon pictus*）。聽起來名字平凡，有的動物學家和非洲國家乾脆改稱為更霸氣的雜色狼（Painted wolf）。非洲野犬長相雖像德國牧羊犬，但不同於街上的浪浪，是非洲大地最強的掠食者。

很多人都不懂非洲野犬有多酷、能看到野生的機率更有如中樂透。像我去尚比亞的國家公園時，看到獅子、大象當然開心，但竟然目睹一群野外的非洲野犬，才驚喜萬分；但同車的遊客多覺得只是狗而已嘛。他們不知道，要看到非洲野犬比看齊非洲五霸難多了！動物和有的人一樣，認識了才深覺有趣。非洲野犬估計只剩六千六百隻，當中只有一千四百隻屬能繁衍後代的成狗；在納國只有三百至四百隻，是國內最瀕危的哺乳類，集中在東北部，也就是農場所在地。

動物中心內也有幾組等待野放的非洲野犬，因為農民的厭惡、缺少棲息地而被送來。牠們是群居動物，但需要的居住領土比多數非洲動物大；一群非洲野犬約十到五十隻群居，但領土可達七百至三千平方公里（比兩個香港大！），同族群能距離五十公里遠，這也讓數量統計很困難。痛恨非洲野犬的農民，常堅持區內有大量的野犬，殊不知是同一群野犬涉足多個農場而已。

雖然野犬比一隻牛小，但牠們是最強的團隊。在野外獵豹或花豹多以小羚羊或小牛為獵物，但一票野犬卻能挑戰成牛，成功率達85%（大貓只有10～30%成功率），這也是農民討厭野犬的原因。我們在中心內餵飼野犬，有時候整串內臟的給，兇狠的牠們在兩秒內就能讓食物「各散東西」。對比獅子等貓科專咬住獵物頸部、讓其慢慢窒息而死再吃，野犬群卻是包圍追逐時直接往獵物的肚子咬，

---

7 非洲最瀕危的肉食性動物是衣索比亞狼（Ethiopian wolf, *Canis simensis*）。

邊跑邊解體邊吃了。聽起來殘忍噁心，但保育員說獵物肚破腸流時就失去知覺暈倒，窒息才是漫長的痛苦。「所以被野犬吃總比被獅子吃好哦！」她笑說。

我喜歡觀察野犬進食，通常牠們五分鐘內就能清場，不像大貓愛慢慢品嘗。但重點在於野犬發出的聲音，高亢尖銳像吱喳聲，閉著眼聽幾乎會以為是群鳥在七嘴八舌呢。牠們的耳朵不合比例的又大又圓，吃飽後肚子明顯漲大，很可愛。很多人覺得野犬殘虐兇狠，事實上牠們具高度智慧又有手足之情，馬克曾在偵查相機發現一隻野犬腳受傷而失去覓食能力，應該活不長了。兩個月後卻又拍到牠復元了，意味著其他野犬獵食時也不忘讓同伴分一杯羹。野犬階級觀念重，族群由一對野犬夫婦為首領，獨攬繁殖權，會殺死部下所生的小犬以確保有足夠食物；而整族會共同照顧和分食給首領尊貴的幼崽。有研究指出牠們還會發出像打噴嚏的聲音來投票，決定獵食策略，真不簡單。

有如職業獵人般的身手，非洲野犬為什麼會落得如此瀕危？原來牠們的居住範圍大，很容易就走進農場，引發與農民的衝突，被陷阱所傷、被車撞到、甚至染上一般家犬的傳染病。牠們沒抗體，傳染病能輕易在一周內把整族殺死。不要說掌握牠們的行蹤，保育機構連要捕捉野犬來裝追蹤器也很困難。以前政府估計 Kavango 和周邊的 Mangetti 國家公園有一百二十隻野犬，現在動物學家把數量大幅下調至只有四十隻。

在農場內，農民都會養狗協助做護衛和趕牛的工作，但他們沒有為狗打預防針和絕育的觀念和金錢。研究所要求每區只能養兩隻狗，並且會在做家訪時檢查，但不少農民仍違規。老觀念是養狗千萬別把狗餵飽，認為只有餓狗才會盡力工作。馬克說保育工作還是要依賴農民的合作，不方便起正面衝突，也承認對違規的農民只能勸導；他們除了每年資助農民幫狗狗打針，防止把病傳染給野犬外，也做教育推廣，告訴小朋友別相信傳言，野犬不會半夜跑進屋內把小孩叼走。

非洲野犬的樣子不算討好，常被指控是殺牛兇手，其實餓壞的家犬也會成群結黨攻擊，但農民根深蒂固的想法很難改變，也不願承認是自家狗做的，畢竟兩者咬的傷口、腳印都很相似，一時很難判決。農民也沒注意，有時候牛病了，倒下後野犬才去撿便宜，卻被當成刻意攻擊。想當初為設立農場，他們把羚羊都趕走，非洲野犬欠缺獵物才會選擇容易下手的牲口。馬克說農民常指控野犬，但只要檢驗野犬糞便中的毛髮，就能知道有否吃牛了，其實大概只有一成的案件屬實。曾經有位農民指稱野犬在一年內吃了他兩百六十頭牛，但野犬胃口不可能那麼大，也不長期逗留同一區域，證詞完全不可信。由於這裡的農民領月薪又有牛肉配給，牛死了沒損失，不排除有人把牛偷偷在黑市賣掉獲利，輕易就嫁禍於野犬，也不見得有人會調查；貪腐在非洲是很普遍的事情。

我在動物中心不時能看到野犬，但在研究所卻只能靠偵查相機。沒錯，做研究和直接照顧不同，可能幾個月都沒見到要調查的野生動物真身。馬克希望能捕捉一隻野犬，裝上追蹤頸圈，那就能像大象的做法，預先警告農民，更改放牧路線，也能在野犬被指控時提供可能的不在場證明。但野犬很愛躲、很難預測，在此之前，我們能協助的是設偵察相機。我們也在國家公園裝相機，除了要防大象，還要防搞不清楚狀況的遊客。曾有遊客亂改相機設定、拿走記憶卡。相信我，當你發現電池和記憶卡都耗盡，以為終於拍到好多珍貴野犬，卻看到一堆傻子不斷自拍擺姿勢時，真的會氣死。

跟很多有紋路的動物，像豹、長頸鹿一樣，每隻非洲野犬都是咖啡、白、黑色的組合，但每隻紋路都獨一無二。我們像狗仔隊收集偵察相機的照片後，還要嘗試辨認。大家先用最顯眼的特徵來命名，左後腿有個像哈哈笑圖案的叫笑笑、右頸有四個斑點的叫骰子……再每張比對和歸檔。有時候照片很模糊、很暗或幾隻野犬在鏡頭前來回走動，前後左右的紋路又不同，幾百張照片看到頭暈腦脹。研究人員會再判讀牠們的肢體動作，推測誰是首領、誰是副手、手下，畫下如電影介紹般的人物關係圖。這對日後要決定捕捉哪隻來裝頸圈、及可能要遷移、再野放是很重要的情報。

•••

要改變農民的想法非朝夕可辦到，但緩解他們與大象和非洲野犬緊張關係的措施卻是急迫需要的。

現在農場內新建的儲水池會加水泥做鞏固，也在圍欄和農田外圍多種辣椒，或是搬來大石塊做圍牆。大象腳底很敏感，不愛踩太尖銳的石頭和荊棘，但這一帶土質以鬆軟的沙土居多，要運輸大石塊成本很高。不過短期來說，大象總算和農民在區內安然互存生活。

非洲野犬的命運就不一樣了，動物中心內現在有四組約三十隻非洲野犬，全是因農民的抗議，而從納國東北部遷移到中心暫住。一住就幾年，但政府礙於地方人士和農民反對，找不到適合的野放地點。像納國最著名的埃托沙國家公園（Etosha National Park），去看野生動物的遊客不計其數，不是最好的野放點嗎？但園內有一定數量的獅子和鬣狗，都是非洲野犬的天敵，後者恐怕沒機會好好獵食，野犬在此沒發展的話就會走去農場，只會再和農民引起新衝突。在鄰國波札那，研究員試驗在一族非洲野犬的領土外圍灑別族野犬的尿，以控制野犬逗留，成效還是未知。在這之前，保育員也不時觀察野犬族群內的權力、關係變化，為日後野放野犬時重新分配做準備。我觀察牠們有時候會群起孤立弱者，地位低的會向首領低頭鞠躬、舔首領示好，好像人類社會的職場，看半天也不會膩。

說到底，無論是把納國的非洲野犬遷移別國或留在本土，還是要當地居民的了解和接受。動物的命運，已不得已地時時刻刻掌握在人類手裡。

右上｜被大象踐踏變形的儲水池。

右下｜在 Kavango 農場內生活，真切感受到當地農民的生活。

上｜志工們合力把手術中的大象翻面。

右｜每隻非洲野犬身上都有獨一無二的紋路。

上｜非洲野犬吃東西的速度很快，分工合作的迅速把食物分屍。

以愛之名的殺戮

我們來到納國東北部、接近安哥拉和波札那兩國邊境的 Mangetti 國家公園。一行人正忙著在十字路口架設偵查相機，以記錄非洲野犬的情況。一台吉普車經過，從車頭引擎蓋上坐著的追蹤員（tracker），我們知道這車上的是所謂的戰利品獵人。他們好奇地問我們有看到什麼「有趣」的動物嗎？研究員艾斯（Ash）小心翼翼回說沒有，他們半信半疑地下車查看沙土上的腳印。他們問相機是要拍什麼動物的，艾斯說明後，其中一人囂張地說：「我們就剛打下了三隻呀，在後車廂！」經驗不多的艾斯明知珍貴的非洲野犬是不可能被合法獵殺的，還是故作鎮定地掀開獵人後車廂的布幔，什麼都沒有。獵人們得意地笑了，說要去獵花豹離開了。「算是我偏見吧，他們真的很噁心！」我們口徑一致地說。

• • •

有沒有想過，如果是生活在歐美的鄉郊，說不定每個周末，你都會坐上馬背；每到冬天，獵鹿的季節到了，你跟著父兄帶著長槍，瞄準草叢後的那隻麋鹿，扣下板機的一瞬，鳥兒四散、鹿倒下來了，那是你們家這個冬天特別的晚餐，還可以分送給鄰居呢。這不是在說古代的生活，現在不少歐美人士都仍有打獵習慣。

這裡說的打獵是在政府認可、付出高昂費用申請執照、有專人監察、合法的打獵（Hunting），跟盜獵（Poaching）象牙、犀牛角不同。和我們成長的環境很不一樣，在南非洲，打獵是一門大生意。一般而言，你不會覺得能帶槍到機場，來到南非約翰尼斯堡機場或納國溫荷克機場，你可以輕易找到槍械申報和寄存的櫃位。

但有付錢、合法，就代表是合情合理嗎？

以為我在做動物保育的志工，面對的人就理所當然地愛所有動物嗎？或者我應該這麼說，愛，是可以有很多層面的解讀。特別是在納國，即使大部分保育員不贊同打獵，但卻不能否認，納國對動物保育的注重，竟是源於對打獵的需求。

當十八世紀末，德國殖民者來到納國，大批的拓荒者、獵人、商人抵達這片新土地，當時有統計野生動物的數量達八百萬至一千萬隻。但隨著槍械的盛行、獵人大行其道，以及農民發展牧場，為避免野生動物和牲畜爭奪水和食物，肆意殺死各式羚羊。在一九六〇年代，掠食性動物失去獵物，食物鏈被打亂，導致野生動物的數量大幅下降至剩下約五十萬隻。直到後來，如本章第一篇關於獵豹的文章所提，野生動物的擁有權從政府轉至農場主人，他們開始注意到野生動物的存在能為自己帶來收益，特別是對合法戰利品打獵的需求，於是開始保育野生動物，增加牠們的數量。「只有為每隻動物都訂下標價，人類才懂得保育的價值。」一位納國人無奈地說道。有統計指出，每年到納國打獵的遊客平均達五千人，開放狩獵申請的動物多達四十種，包括非洲五霸：獅子、大象、犀牛等。

打獵是個敏感話題，並不是每個保育員和科學家都願意公開討論。某種程度上，有制度的打獵是保育和平衡生態的一種手段。保育並不代表不殺生，而是要保護動植物的原棲息地；面對外來物種侵入，危害到原生物種時，保育員要毫不猶豫地解決。像狗、貓、青蛙、螃蟹等，都造成很多地區例如澳洲的本土動物瀕危。像在日本的屋久島、多個歐洲國家都有法定的打獵季節，以控制過多的鹿、山豬數量。畢竟要像對浪浪TNR，活捉每一隻，麻醉後再做節育手術，過程太困難，成本也太高。我可以明白這種無可奈何的措施，但不要忘記，為什麼會有過量的動物呢？正是因為欠缺了掠食性動物在生態系統做平衡；很粗略來說，草食性動物和掠食性動物的比例應在十：一，但在歐美各國與日本，狼和大型貓科動物都因城市發展、獵殺等各種理由幾近絕跡，才會造成鹿類動物氾濫的情況。說起來，不也是人類造成的爛攤子，還用什麼世界支配者的權威口吻來辯解呢。

不過在非洲，打獵不純然是一種平衡生態的手段。戰利品狩獵（Trophy Hunting）是一門大生意，很諷刺的，當中的支持者更包括政府官員、自稱保育人士、科學家、素食者等，納國環境署的官員是戰利品狩獵的公開支持者。他們把戰利品狩獵視為「保育」和「愛動物」的表現。所謂的戰利品狩獵不同於為了獲得肉類、為求果腹而打獵的行為；恰恰相反，戰利品狩獵是為了獲取角或頭或毛皮，以作為展示勝利的獎盃。

可能因為我過去做雜誌的職業病，每去到一個國家，我都喜歡注意當地的雜誌架。在納國吸引我目光的除了一系列農業雜誌外，還有獵人雜誌，封面是隻威風的花豹，還有長槍的圖像，隨刊附贈「我愛動物故我打獵」的貼紙。

戰利品狩獵者自稱對保育有貢獻，其實不就是付出的金錢夠多。例如今天某農場有「問題」大象，農民向政府申請射殺這隻大象，政府會向專業獵人協會發出狩獵許可，國外的戰利品獵人可買下狩獵權。獵人會把頭、角或皮這些戰利品帶回本國，剩下的肉會留在社區讓當地人分著吃。一場狩獵光是許可證就從二十萬新台幣起跳，還不算參加狩獵必須要聘請當地旅行社代辦、導遊、追蹤員、機票、酒店等等，每次都是上百萬元的消費。每個國家都有可狩獵的動物名單，理論上只要付得起錢，連瀕危的動物都可打下。像二〇一四年，一位美國人就花了三十五萬美金買下黑犀牛的狩獵許可證，要價上千萬新台幣也是有人願意出。

支持戰利品狩獵的人聲稱，支付的錢可用於保育同類型的動物身上，也幫助當地人就業和提供肉食。一次狩獵之旅的團費大約在一萬五千至十萬美金，是非洲人幾十年都賺不到的薪水。但有研究就發現，所謂回饋到社區的狩獵費其實少於3%，絕大部分都用於酒店、航空公司、旅行社等大財團，以及貪污的政府官員；貧困的農民頂多有肉吃，但沒有因此富有起來。每次由政府機關、支持狩獵派人士提出的數據，指狩獵旅遊帶來的就業率和利潤，也是綜合一般野生動物旅遊的數據混為一談，沒有單純以戰利品狩獵衍生的數據。以殺害的金錢來談保育，也不過是為殘虐的心態做抵償的藉口。

•••

我來到納國一家專門供獵人選購的槍店外，門上貼著一場慈善晚宴的海報。「獵人聯盟反對非法狩獵」籌款，拍賣的獎品包括在歐洲的兩次狩獵、以及在納國十次狩獵許可。

對於打獵者來說，狩獵是一項「運動」。因為有合法的光環，所以反對非法的狩獵；因為戰利品狩獵是滿足個人對殺戮和動物殘肢的愛好，所以就比只為了獲取金錢的盜獵者高尚嗎……在我看來，為了滿足貪婪的慾望和虛榮，誰都沒有比誰高尚。

還記得二〇一五年，令世界很多人震驚憤怒的塞西爾（Cecil）獅子之死嗎？這頭辛巴威的著名獅王，被美國牙醫瓦特．帕默（Walter Palmer）射殺。據報導他付了五萬美金，請了當地嚮導追蹤塞西爾。他們沒有狩獵許可證，先用弓箭將牠射傷，再追蹤牠達十一小時後才將牠射死；然後又把塞西爾剝皮及割下頭顱，製作標本。這起事件引起的討論點包括：一，怎麼能如此廉價地殺死一隻獅子；二，他們屬非法狩獵。帕默辯稱自己被嚮導騙，堅持以為自己是合法屠獅，最後他回到美國、沒被起訴，一年後還被狗仔隊拍到開著新買的跑車招搖過市。

「我不覺得，因為在非洲度過美好的假期，而想把一些紀念品帶回家是錯的，有的人愛炫耀照片，獵人不過是炫耀打回來的角和頭罷了！」我在南非遇過一位動物研究生，她一派理性地跟我說。多聽不同派別人士的意見，知道雙方的立場是重要，但「是其是、非其非」，像我之前所說，可以理解控制生態平衡的打獵，但純粹為了殺戮的樂趣而打獵，就是錯，還把那和拍照混為一談，我其實不太能接受。

「那些聲稱愛動物的人反對戰利品狩獵，根本就是一堆不懂科學的人。不懂的人看的是一隻叫塞西爾的獅子，我們看的是整體的數據。」她繼續說。我沒興趣再陪笑臉，也沒必要為辯論而辯論，有時候我對於一些打著科學旗幟，就好像沒有情感和道德想法的學者感到很吃不消；可憐我還跟她做了幾天室友。

撇除獅子塞西爾的非法狩獵方式，一場合法的狩獵到底是怎麼一回事呢？付錢的戰利品獵人必須事先獲得政府許可，指定下次獵殺的目標。這些目標有三種：農民申請過為「問題動物」，狩獵者以武松打虎的除害姿態出現；年齡到後壯年的雄性動物，被視為不會再對「基因庫」有貢獻（即不再值得繁殖），甚至會在打鬥中傷害其他同類動物的，這些都屬一般狩獵許可；最後最值錢的，是地方獲政府批准一定的戰利品狩獵額度，私人土地擁有者可選出其引以為傲的動物資產，進行狩獵權拍賣。

一如文章開始，我在Mangetti國家公園見識到，戰利品獵人要聘請職業獵人兼嚮導，當中包括坐在車頭引擎蓋的追蹤員，他會仔細判讀地上的腳印，包括從深淺度和大小，推測目標獵物的路徑。一場狩獵有時候可以長達幾天到一星期，直到追蹤員和嚮導確認面前的是認可的射殺目標。戰利品獵人扣下板機後，同行的職業獵人有需要也會補槍，確保目標擊中要害、以最短時間斃命，也就是所謂「人道死亡」，不必受太長痛苦；當然有時候動物會負傷逃走，職業獵人要追蹤並確保戰利品死亡。部分狩獵會動用獵犬輔助、或以弓箭代槍，但能射殺的動物有更嚴格的規範。

支持者認為，透過有系統的狩獵，對於生態的影響減到最低，付出的金錢大量的投入保育和反非法狩獵中，一場戰利品狩獵賺到的錢，比慈善團體苦苦募款來得多。但不說錢進了誰的口袋，狩獵對生態的影響真的那麼低嗎？

我特意去了解專營狩獵旅遊的旅行社網頁，內容經常強調，難得到非洲狩獵，有機會記得多打幾隻戰利品回去，不打後悔云云。當戰利品獵人獲得一隻預期的獵物後，都會雄心起想再打別的動物。只要有錢，要短時間弄到批文什麼的並不難。

而且狩獵者聲稱殺的是老弱動物，但實情卻是相反。克雷格（Craig）是我很敬重的保育專家，是我在南非做志工時的負責人，稍後會再詳細介紹。他解釋獵人要的是將動物的頭和角做成標本陳列，當然是愈大愈好。「獵人偏好大角的羚羊、象牙更長的大象、鬃毛更深色的獅子……這些原本都是大自然中最強壯的動物特徵。」把強者殺了，結果留下基因較弱的動物繁殖，繁衍的後代也更弱，也就是逆向進化（Reverse evolution）。大自然原本崇尚「愈大愈好」，現在適者生存卻是愈小愈有機會逃過狩獵，科學研究顯示，經過多代的象牙狩獵，現在的象牙尺寸已經愈來愈小；有調查更發現，尚比亞的大象以前只有2%屬天生「無牙」，現在已多達38%。象牙、角是有實際防禦作用的，基因弱也讓瀕危的動物更早逝。

但最重要的是各國訂下的可狩獵動物數量，往往比大自然實際可接受的還高，很多野生動物的實際數量根本不明、農民私下解決了動物也沒人知道，非洲各國政府的透明度和狩獵法也因貪腐而欠清晰。像獅子、獵豹、犀牛、大象等都已經因為城市發展喪失棲息地、非法捕獵、氣候變遷等原因面臨瀕危局面，少一隻就少一個希望，還要外加合法狩獵，這損失真的是能用金錢買的嗎？如果合法狩獵有幫助，瀕危的動物數字為何不升反跌？支持有錢就能殺死野生動物，那還憑什麼說保育那麼偉大？「無論是道德上、情感上，我們怎可能接受為了掛個戰利品而殺戮呢？」克雷格說的正是法律和金錢不應該凌駕的價值。

•••

隨便找一張獵人和被殺死的獵物照片，不是掛著一臉帥氣、就是一抹天真笑容，有如自己是救世超人把天下最兇惡的猛獸殺了，拯救世人的樣子。可曾想過前面那隻已斷氣沒力的獅子、花豹、甚至可愛溫馴的長頸鹿、羚羊，根本沒襲擊過人類。獵人一點都不如自己想像的威武──他們只是有錢請來專業的團隊，或是追蹤、或是用餌，躲在暗處架著支撐架射殺，壓根談不上睿智或威風。我曾在研究所使用「野生動物擴音機」，用意是播出不同動物的叫聲，觀察能吸引到的動物，以便策畫為非洲野犬裝追蹤器。後來我才發現這種擴音機是用於狩獵時引誘獵物，包裝上還寫保證能殺得更多。我們志工常挖苦獵人都是腸肥腦滿、一臉囂張的老美或俄羅斯人。事實上，戰利品獵人不分種族男女，外表可以完全正常，看起來好好先生，卻以運動為藉口來掩飾對殺戮的快感。

但比起戰利品獵人還有更殘酷的觀光旅遊打獵手法，連一般獵人也鄙視，稱為「罐頭狩獵」（Canned Hunting）。這種狩獵主要集中在南非（在納國，法律禁止人工繁殖大型貓科），狩獵對象大多是獅子。這些獅子以人工繁殖，從小被迫和母獅分開，由人照顧飼養，供自以為愛動物、很有愛心的遊客拍照。有外國媒體調查這類設施環境很差，母獅繁殖後小獅被帶走，母獅就像繁殖場的母狗，很快又進入下一次繁殖；在野外母獅兩年才一胎，在這些繁殖場卻半年一胎，惡性循環直到衰竭；沒利用價值的母獅會平價售出供人獵殺。等小獅長大後，困在圍欄或很小的範圍內，讓獵人直接射殺，有的甚至以機關槍瘋狂射殺。

戰利品獵人譴責這種打獵不光榮，獵物根本無處可逃，門外漢也能殺死百獸之王，還不能一槍取命，讓動物受更多痛苦。二〇一五年的紀錄片《血獅（Blood Lions）》揭發，南非只有大約兩千隻野生獅子，卻有約兩百間機構繁殖了六千隻獅子。人工繁殖的獅子習慣人類，不能野放，對保育一點幫助也沒有，主要用於罐頭狩獵。對於愛殺戮的人來說，罐頭狩獵比戰利品狩獵便宜得多，獅子看到人類不會逃，拿到「戰利品」成功率百分百。在二〇〇六至二〇一一年，申請帶回國的獅子戰利品超過四千宗，比南非野外現存數量多一倍。

調查也發現，罐頭狩獵後，買家把毛和皮帶走，剩下的牙齒、爪和骨頭就被送到亞洲做藥材，獅骨或被包裝成虎骨。二〇一七年南非政府認可的獅骨外銷就達八百副，地下交易的數字就更驚人了。

二〇一七年，巴西足球明星內馬爾（Neymar）和女友去南非旅遊，在Instagram貼出漂亮的女友和獅子寶寶的「愛心照片」，與和獅子散步的照片，獲得很多人稱讚她人美心善，很多人也留言想去非洲看獅子。事實上讓動物寶寶和遊客接觸和愛心一點關係也沒有，對動物本身亦無好處，而且這家「保育機構」被發現和罐頭狩獵公司有關連。很多人自以為用愛心做好事，卻間接幫助了這些不道德機構，傷害了更多動物。並不是每個人都有心做調查，我認識的志工中就有人因曾去繁殖獅子的中心做志工而後悔，也有人對於在納國的機構不能摸大貓而失望不已，轉頭到尚比亞就大貼和獅子散步的照片。

魔鬼總愛試煉人，往往會有人開出優厚的條件。有時候保育機構收到獵殺一隻動物的請求，價碼誘人，比得上一整年的經費，往往要看負責人的道德觀。我在納國服務的機構，就表明不參與任何商業打獵活動。做志工不應該被人利用，你能選擇想成為怎樣的人，做好背景調查是自己做好事的責任。

• • •

不論是合法狩獵或非法盜獵，背後的動機都是貪婪，結果都是血腥的。即便大部分非洲國家都較貧窮，但不是每個國家都靠戰利品狩獵大撈一筆；像波札那和肯亞都拒絕狩獵旅遊，兩國也都是野生動物愛好者去看動物的熱門國家。

我做志工時常在野外視察，看到動物骸骨雖不忍但那是物競天擇。當我在一家地區商店中看到一隻隻的戰利品，一隻雄性大扭角條紋羚（Greater kudu, *Tragelaphus strepsiceros*）的標本，光是頸部到頭頂就比我半身還大，生氣滿滿地注視前方，曾經在草原自由奔跑的牠，無緣無故地就被決定掛起來而被殺，怎能不覺得傷悲？

獅子塞西爾死後，有非洲官員嘲諷國際社會的虛偽：「西方世界的人注意非洲一隻獅子，多於非洲人民的生活！」但野生動物和人類是分不開的，沒有野生動物，非洲人還能拿什麼來吸引遊客？多個國家像澳洲、法國等都相繼禁止進口獅子戰利品。超過四十家航空公司公布拒絕運載非洲五霸的戰利品，算是一石激起了浪花。

但狩獵影響的又何止是獅子，而且問題除了在非洲，也和國際社會有關。去非洲狩獵的包括國際名人，西班牙前國王胡安·卡洛斯一世在位時，曾因在非洲獵大象的照片而形象大崩壞；而美國則是非洲狩獵旅遊的主要客群，歐巴馬在任時曾禁止尚比亞和辛巴威的大象戰利品進口，但美國影響力最大的狩獵團體國際狩獵俱樂部（Safari Club International，SCI）卻聲稱兩國的保育措施大改進，遊說川普撤銷禁運。美國魚類及野生動物管理局（FWS）更宣布將按每宗申請，獨立批准非洲大象戰利品進口。川普的兩名兒子都是狩獵愛好者，曾到非洲狩獵，川普之後會怎樣做，正影響著非洲大象的命運。

支持戰利品狩獵者常以愛好動物者要看「大局」，殺一隻能救一族群作論點。我們想像中的英雄或許有這種自我犧牲的胸襟，但動物本身有這樣的覺悟或選擇嗎？獵殺強壯的動物固然影響後代，那只挑老弱的殺呢？「如果以此標準狩獵，像人類世界的霍金、海倫·凱勒、貝多芬等人都不會存在了。」克雷格提醒。

錢能殺動物也能保育動物，但獵殺動物來滿足自己的英雄主義，靠奪取生命來證明自己的高人一等，又假裝成愛心大使，內心才是脆弱到自大又自卑。珍．古德說過：「對於人類讓動物存活在地球，只是為了從牠們的角或皮賺錢，我很厭惡這種想法。」人們不應該只為了獅子塞西爾而抱不平，而是停止所有同一命運，阻止戰利品和罐頭狩獵的無謂殺戮。我喜歡欣賞和觀察動物在自然活動，不懂狩獵者看著一隻又一隻的屍體，談何樂趣。難道有一天我們得只剩下靠標本來認識自然？

右｜大象的頭骨。

上｜大扭角條紋羚的標本；無法想像戰利品獵人以展示這類標本而自豪。

右上｜好奇心重的狐獴（Meerkat, *Suricata suricatta*）很喜歡站高觀察。雖然長得可愛，卻會咬人，又落得被棄養；再次說明野生動物不適合當寵物。

右下｜非洲縞獴（Banded mongoose, *Mungos mungo*）小小的卻很兇悍，勇於對抗毒蛇甚至獅子。

上｜遼闊的大地上，像戴著白面具的跳羚格外顯眼。

攀登完Big Daddy沙丘下山後，面前的「死亡泥沼」是整片乾涸的黏土，
已枯萎的樹幹保持著奇特的形狀。

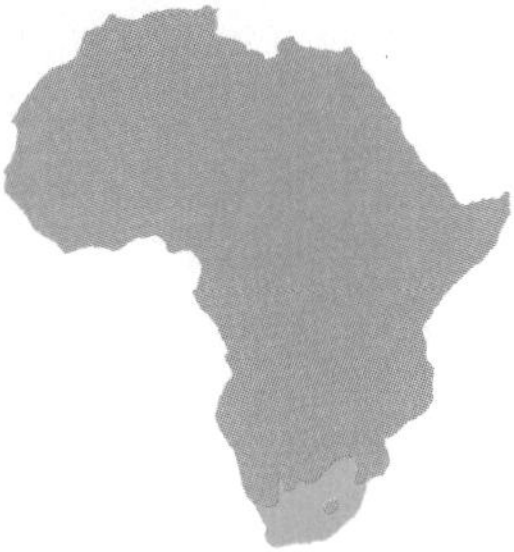

第二章

南非——當保育變成血淋淋的戰爭

Republic of South Africa

從納米比亞來到南非的約翰尼斯堡（Johannesburg），隔天還要再坐約三小時的車，到著名的克魯格國家公園（Kruger National Park）外圍，我這次做志工的自然保護區。沒去過南非前，總聽說當地很危險，在首都的確要小心，但來到林波波省（Limpopo）的克魯格一帶，走在路上我不會覺得危險，因為野生動物才是最備受威脅的物種。林波波省接壤辛巴威、莫三比克兩國，是野生動物盜獵最嚴重的地區之一。我有很明確的目標，來到這殘酷的世界，了解犀牛和大象盜獵的前線。為了保護瀕危動物，保育員應付的不再是氣候變遷、不是莊稼牲畜受破壞的農民，而是荷槍實彈的盜獵者。為了利益，盜獵者的目標也包括保育員的性命。

儲水池是最容易看到野生動物的地方，各式羚羊和狒狒一同分享清涼時刻。

犀牛保衛戰

來到巴路里（Balule）自然保護區的保育計畫做志工，性質和我之前做過的志工很不一樣；巴路里屬於大克魯格區，原是幾十個私人農場和土地，在九〇年代合併成為保護區，位在遊客絡繹不絕的克魯格國家公園外圍。區內有很多精緻豪華的住宿稱為Safari Lodge，讓遊客看野生動物。我住在小山丘上簡單的營區，除了太陽能電燈外，沒有電，兩天打一次冷水，晚上需燒柴烤肉煮飯。生活像回到五十年前的農村（但能上網已經很不錯了），不充裕但簡樸舒服。晚上我會聽到獅子、豹、斑點鬣狗的吼聲，大象吃樹葉的沙沙聲，每天坐吉普車出任務時，看到長頸鹿（Giraffe, *Camelopardalis giraffa*）、大象、高角羚（Impala, *Aepyceros melampus*）、水羚（Waterbuck, *Kobus ellipsiprymnus*）都是日常風景，運氣很好時還能看到獅子和瀕危的犀牛。能住在自然中，天天看到這些美麗的動物，我就滿足了，世間已沒有什麼我需要的物質。

可惜這世界並非如此單純的美好。抵達第三天，我被分派跟專責犀牛監察的妮安利（Leonie）出任務。我們開車在區內記錄犀牛的足跡和糞便（由於資料敏感，我就不詳細說明怎麼找犀牛了），忽然看到一群近四十隻禿鷹在距離兩百米的灌木林上空盤旋。妮安利臉色一沉，馬上聯絡總部；能夠吸引那麼多禿鷹，肯定不是隻小動物。她悲憤又氣餒地捶打方向盤，口中唸著：「不要！千萬不要是犀牛！」這時候我們還不熟，但對於長期監察的保育員來說，即使不像在動物中心般近距離接觸，也早摸熟每隻犀牛的性格、習性；犀牛已經是她的朋友。我明白她的心情，也想著我怎麼這麼帶衰，才剛來就發生盜獵，會不會被人懷疑我是內鬼呀。

好不容易才跟總部溝通好大量禿鷹活動的位置，畢竟在灌木林中，難以掌握確實的衛星定位，但我們不能去查看，只能留在最先發現處，在沒收到指示前甚至不能下車走動；一來怕會破壞現場盜獵者的鞋印和證據，二來盜獵者都有武裝，萬一遇上就有危險。因為犀牛盜獵是有組織性的嚴重犯罪，盜獵者帶有槍械、長刀，通常在夜裡潛入，躲在灌木林裡追蹤犀牛，或靠內鬼的情報找犀牛。備武器的反盜獵小組會先出動、小型飛機也去查看。如果不幸真有犀牛被獵殺，警察、法醫也會馬上趕到，以標準案發現場方式封鎖，追查線索。「妳不會想看的，相信我。那場面、那味道，會讓妳一生難忘。」妮安利無力地說。我腦中浮現躺在地上的兩噸巨獸，從鼻到角大半塊臉被削下，在血泊中痛苦死亡的樣子。

•••

早在二〇一三年，我就曾應雜誌分派，來到南非採訪犀牛保育議題。時間過去了，但保育員、護林員[8]和反盜獵巡邏隊等堅守在崗位的熱心和偉大，以及犀牛的動靜，都一直烙在我腦海裡；也是我這次再回到南非的原因。翻查那時候的數據和這幾年比對，情況沒好轉，還愈趨讓人心寒。

記得新聞照片上看到帶槍的軍人模樣人員，二十四小時保護著地球最後三隻僅存的北非白犀牛[9]（Northern White Rhinoceros, *Ceratotherium simum cottoni*，屬白犀牛的亞種）。其中唯一的成年雄犀牛蘇丹（Sudan）已到古稀之年了，保育機構才剛在二〇一八年初公告四十五歲的牠身體急速衰退，不到一個月，牠就離去了。蘇丹的離去不只是一隻出名的犀牛去世了，而是殘忍地揭露牠們將會在幾年內絕種。試想之前都已經只剩三隻了，還要用到荷槍實彈二十四小時保護，不正是盜獵者、野生動物走私和買家貪婪和墮落的寫照？

大家都聽過犀牛瀕危，但情況有多糟？在二十世紀初，估計有一百萬隻犀牛分別居於亞洲和非洲，而現在卻只剩下兩萬九千隻。現存的五種犀牛中除了白犀牛（White Rhinoceros, *Ceratotherium simum*）外，其餘四種都被 IUCN 列為極度瀕危（Critically endangered），單是黑犀牛（Black rhinoceros, *Diceros bicornis*）的數量已由七〇年代減少了98%，更有兩種亞洲犀[10]剩一百隻以下。在二〇〇七年南非的年度犀牛盜獵量是十三隻，至二〇一四年升幅竟達九十倍，達一千兩百一十五隻。

從二〇一七年南非剛公布的數字看來，盜獵數量下降，但仍有一千零二十八隻，連續四年超過千隻，也意味著每八小時就有一隻犀牛慘死於盜獵下，每天至少三隻，二〇一八年甚至在南非的一個區域一天內發現有七隻被殺害！按此情況下，在八至十年內，全球所有犀牛都將絕種。

全球八成的犀牛都在南非，所以我特地來到這了解犀牛盜獵情況。而林波波省的克魯格國家公園更是盜獵重災區，二〇一六年南非九成的犀牛盜獵都在此發生。有當地人問我，在香港看過店家販售犀牛角嗎？畢竟是非法奢侈品，香港有酒樓掛著整掛天九翅、還有販賣象牙的店鋪[11]，但我倒是沒見

---

8 護林員（rangers）的工作範圍很廣，重點是保護所屬區域的動植物、遊人安全，從巡邏、防盜獵、陪同遊客到野外看動物、維修保護區設施都可能負責。

9 三隻北白犀在肯亞的奧佩傑塔自然保護區（Ol Pejeta Conservancy）內，兩頭雌性均不育，雄性則於二〇一八年三月過世。

10 亞洲的犀牛包括印度獨角犀牛（三千隻，Greater one-horned Rhinoceros, *Rhinoceros unicornis*），爪哇犀牛（六十隻，Javan rhinoceros, *Rhinoceros sondaicus*），蘇門答臘犀牛（少於一百隻，Sumatran rhinoceros, *Dicerorhinus sumatrensis*）。

過明目張膽賣犀牛角。很不幸，世界自然基金會（WWF）和亞洲環境保育研究機構ADM. Capital Foundation（ADMCF）等早已提出實際證據，揭露香港是犀牛角、象牙、穿山甲鱗片運往中國的重要轉運站。小市民根本不會察覺，非法活動有多接近我們的生活。

對於盜獵者及背後的犯罪集團來說，犀牛角的價值比黃金更高，甚至比得上高級毒品。IUCN的非洲犀牛專家組呼籲，媒體不應再報導犀牛角的市場價值，以免吸引更多人投入非法活動，也不想吸引為虛榮而購買的消費者，在此就不談金額了。我和一般民眾都不明白，犀牛角有什麼用，非得把這種五千萬年前就已存活至今的生物種族滅絕。越南和中國是犀牛角最大的市場，只要在網上搜尋，就可看到很多人言之鑿鑿地說犀角可治出血、癌症，甚至只是解宿醉！諷刺的是專家早已發現，犀牛角的主要成分是角蛋白（keratin），也就是跟人類的指甲、頭髮一樣。可惜總有人不信醫學研究，如果相信犀角有藥用價值，大家不如直接咬指甲更有效？無知和迷信真是罪孽。

WWF和國際瀕臨絕種野生動植物貿易調查委員會（TRAFFIC）在越南做的調查發現，犀牛角的買家和用家視之為餽贈親人、洽談工作、買人情的大禮，是身分象徵；除了藥用，犀角也會打磨成飾品、酒杯等。這批購買者大約屬中年、有錢、有學識、有社經地位，但對動物毫不關心，只視之為賺錢和利用的工具，沒感情可言。可怕的是調查還指出，即使沒買過犀牛角的族群，也有16%的人表示有興趣購買。

很多人會責怪盜獵者或走私者，但買家對野生動物的無知和無視，才更是需要教育的第一步。即使我們沒有買過任何犀牛產品，但看著保育人士痛心地說著犀牛的慘況，同為亞洲人，我們能不覺得羞愧嗎？

•••

我們坐在車上等了一個多小時，頭上有反盜獵隊的飛機經過；跟總部確認後，是個令人振奮的消息：禿鷹圍繞的是隻能高達兩米的大扭角條紋羚。雖然這樣說對可愛的大扭角條紋羚很抱歉（暫判

11 香港剛通過在二〇二一年前全面禁止象牙貿易而毋須向象牙商作出賠償的法令，目前市面上還可找到所謂的公約前象牙（指一九七〇年前獲得的古董象牙），及一九九〇年開始禁止象牙國際貿易實施後，分別開啟的兩次特殊輸出象牙。所有形式的象牙買賣，在二〇二一年後也將全被取締。

是自然死亡），但知道不是犀牛後，大家都鬆了一口氣，幾乎想慶祝了。

是的，只因為死的不是瀕危的犀牛，已經高興得想慶祝了。犀牛盜獵者、走私者和買家，讓多少保育員的願望變得如此卑微。

保育究竟是什麼？從什麼時候開始，保育變成一場對抗犯罪者的戰爭？

•••

我在巴路里自然保護區做志工，每天必須穿上卡其色的不顯眼服裝工作，但不會照顧動物。我有時候要維修保護區設施（下一篇續談），記錄大象或犀牛的資料，也會協助防盜獵的巡邏。當然，我做的只是最簡單、不具危險性、不屬機密的工作。真正的防盜獵小組，是由經正統軍事訓練的人員負責，連巡邏隊出勤的時間也要保密，以防消息外洩，也只有極少數人能掌握犀牛的資料。妮安利說不管工作了多久，你永遠不知道誰走歪了。像我以前採訪過的私人動物保護區，員工也不能透露像區內犀牛的確實數量、經常出沒的位置等資料；原來盜獵者會向保護區內酒店員工收取情報，員工要是拍到一張犀牛位置的照片，已能換取相當於幾個月薪水的報酬！

克魯格國家公園有大半個台灣大，達一萬九千四百八十五平方公里，是犀牛戰事最激烈的地方，南非九成的犀牛盜獵都在此發生。政府和保育區在此投入大量資源，近兩年這區的盜獵數量微降，但不代表惡勢力就此收手，他們只是轉移陣地，把戰線下移到誇祖魯—納塔爾省（KwaZulu-Natal，KZN），這裡同樣接壤政局不穩的莫三比克，方便走私；前面提及一天之內就發現七隻犀牛被殺害的地區，就是KZN，情況非常惡劣。

儘管如此，巴路里作為大克魯格區的一部分，對犀牛保育的工作仍不能鬆懈，誰知道盜獵者何時又會來呢？克雷格既是志工營的負責人，也是整個巴路里保護區的管理長。他是我所認識過最有趣的人了，在軍隊退役後加入反盜獵組；即使有人類學、靈長類動物學、環境學、生態學家等頭銜，卻是「灌木林中的傑克・史派羅（Jack Sparrow）[12]」！不會因為我是志工或記者，依舊打著赤膊赤腳、口無遮攔的講出能冒犯部分人的笑話和幹譙，也從不掩飾對保育的挫敗感和氣餒（第二天又打起精神叫大家努力）。但這正是保育員面對的現實，他們並不如影片中的英雄般光鮮、心情時時光明。

12 傑克・史派羅，電影《神鬼奇航》系列中，強尼戴普（Johnny Depp）所飾演的搞怪船長。

更煩惱的是，盜獵者抓之不盡，也往往出現新的盜獵手法。「這幾年南非犀牛盜獵的數字雖有微降，但一點都不樂觀，數字反映的只是被發現的屍體，還有更多永遠都找不到就被吃掉、被殺的寶寶也沒計算。盜獵案也轉移到政局不穩、保安較少的國家；這場仗還沒勝利過。」克雷格談起犀牛就會嚴肅起來。

晚上我們圍在火堆旁取暖，或是在長桌旁聊天時，克雷格和其他保育員是時時刻刻都注意著無線電，只要稍有異狀，都要馬上出動，是每天二十四小時的責任和心理負擔。每逢月圓、或大風颼得呼呼叫時，大家神經都格外緊繃，因為盜獵者不用靠手電筒光也能行走，風聲能蓋過槍聲或動物的悲鳴聲，是最方便盜獵的時機。但盜獵者也不笨，知道這種日子警備特嚴，所以現在基本上什麼日子都能出動。克雷格忍不住抱怨：「保育根本不應該是防盜獵！我寧願把時間和金錢花在重塑和保護棲息地植物上，讓野生動物有地方生活才是保育呀！」但他和很多保育員知道，盜獵猖獗，防盜獵成為他們不能放下的首要工作。

剛來到巴路里時，我明顯感覺到有人對我的不信任感，是其他外國志工不會遭受到的。費奇（Frikkie）是巡邏隊隊長，個性分明又像個大男孩，很愛作弄人。開始跟他巡邏時，感覺他刻意無視我、眼神中流露著懷疑。直到有次跟他和其中一個分區的管理長約翰（Johan）見面，才覺得他對我安心了點。一身陸軍裝的約翰像哈里遜．福特（Harrison Ford）那種老軍人，身體還很健壯，我毫不懷疑他能輕鬆幹掉敵人。他聽到我一個亞洲人特地來了解犀牛盜獵問題，高興地和我討論了很多。

「我們每天的生活都是在打仗，雖然不是國與國之間的戰爭，但卻是一場野生動物走私和保育員的戰爭。」約翰說。因為盜獵者有犯罪集團龐大的武器供應，反盜獵時的衝突，比南非在六〇至八〇年代的殘酷種族隔離時期，對邊疆地區反對派的行動更為激烈。雖然大家都不願意，但在非洲，護林員已經等於戰士了，他們都要經過軍事訓練。

在非洲每年都有近百位護林員在任務中死亡，近半是被盜獵者殺害；二〇一七年在坦尚尼亞，國際知名的大象保育專家韋恩．洛特爾（Wayne Lotter）被槍殺，而今年（二〇一八年）知名的象牙及犀牛角走私調查員馬丁（Esmond Bradley Martin）也在結束緬甸調查後，於肯亞家中被殺。在在反映野生動物走私對犯罪集團是多大一塊肥肉，為利益他們能多殘虐、多不惜一切。克雷格說，訓練一個護林員至少要半年，犯罪集團看中了這弱點，現在在衝突中都會先瞄準護林員，以削弱日後犀牛的保護隊伍。很多人抱著對動物和自然的喜愛而加入做護林員，卻在無可奈何下變成對付盜獵者的戰士。

以我們的想法，司法制度不是制裁盜獵者最好的方法嗎？可惜南非仍是個貪污、官僚嚴重的國家。費奇說他曾抓到一個盜獵犯送去警局，被關了一個周末、花幾百塊保釋，犯人就被放出來又能幹一票，甚至再花幾百塊就能把犯罪紀錄也銷掉。空有法律但執行力低也沒有用，南非警方在二〇一四年逮捕桂華拉（Dumisani Gwala），他是KZN省八成犀牛盜獵案的頭目，涉嫌安排盜獵手和走私。但他利用不同的法律程序，一直拖延審訊十七次以上，二〇一七年底開審前還無故撤換檢察官，到今年（二〇一八年）年初都未開審；貪污是從下而上從警察、動保法機關到司法制度都有的問題。

「但進行盜獵的，不都是鋌而走險的貧窮本地人，不也值得同情嗎？」我問克雷格。「不不！如果你去到一個村子，看到有人無端端買了台超級跑車，然後鄰居後來也買了，你就會知道，他們整村都是盜獵者。」他們沒有用錢改善命運，買車、買華衣，胡亂揮霍後，很快他們又會再下手，但如果失手被殺，家庭就永遠失去經濟支柱。犀牛盜獵早已是有組織的跨國犯罪，特別是連接莫三比克的地區，每逢十二月有大批勞工回鄉，並攜帶大量非法槍械，潛入南非捕獵犀牛、再跨境回國；十分鐘內可切下犀牛角、二十四小時內上機、四十八小時內已運抵亞洲，甚至有網路拍賣，效率快得驚人。

在犀牛角走私犯罪的食物鏈中，最低層的是來自貧鄉為謀生的盜獵者，他們靠步行追蹤犀牛，近距離開槍再粗糙地以斧頭砍下犀牛角。但犯罪集團的職業盜獵者，已進化到使用麻醉藥、直昇機、大口徑武器獵犀牛，取其下手快、安靜，七分鐘內犀牛能倒下，再以電鋸切下臉和角。盜獵者用的麻醉藥劑量大，當保育員發現犀牛時多已失血而死；而且犀牛的身軀很重，過久的麻醉也會讓牠們被自己的體重壓得不勝負荷而無法走動；劑量小的話犀牛又會在痛苦中緩慢死亡。犀牛寶寶就更慘，盜獵者會擔心寶寶的哭聲而把牠殺死，逃跑的寶寶則會因沒奶水喝而餓死、或遭獅子吃掉……無論如何盜獵都是殘忍的勾當，難道犀牛天生有角是種罪嗎？

但這也意味著更可怕的事：能使用比槍械更貴、高劑量又難以隨便入手的麻醉藥，代表不法分子早以高價收買了獸醫或保育區內鬼加入屠手行列，參與的人純粹是為了貪婪！心寒的是盜獵者報復心很強，為防動物法醫和警察調查武器、藥物來源、入侵和逃走路線、被切割的角是否有紀錄等，曾有盜獵者在犀牛屍體埋入炸藥，當工作人員一移動屍體即引爆。

那乾脆看到盜獵者就直接斃命（Shoot to kill）吧！這是很多動物保育人士常熱議的，也是鄰國波札那對付盜獵者的極端手法，護林員有權直接槍殺盜獵者，以散播強烈的訊息：敢來盜殺動物就別想活著回去！治亂世用重典，乍聽還真不錯。在南非，護林員只有在生命受威脅時能殺盜獵者而無須負法律責任；更多時候會遭受停職、偵查、檢調開槍的必要性。雲沙洛斯（Van Zyl-Roux）是KZN

省最著名的反盜獵警員，曾逮捕逾七十個盜獵者，包括之前提到的頭目桂華拉。後者仍用法律手段逃避審訊，雲沙洛斯卻因「涉嫌槍射盜獵者」被革職，即使盜獵者明顯武裝、拒捕、向警員開槍，甚至藏有犀牛角。而雲沙洛斯被革職後，KZN省的犀牛盜獵數量也持續上升。

我沒想到，身在反盜獵最前線的費奇和約翰都反對直接擊殺（盜獵者）政策。「妳知道一減一等於什麼嗎？殺死一個恐怖分子，答案不是零。而是製造孤兒寡婦為新的恐怖分子，他會成為英雄，他的兄弟兒女會為了想報仇、想賺錢而加入；盜獵者也一樣。」再者還要追查背後的大老虎、走私路線、買家等；費奇說最好的方式仍是牢獄。約翰則指出最基本的是教育，移離住在國家公園附近的貧窮鄉民，有學校讓小孩讀書，培訓大人有技能找工作。克雷格更提出最根本的原因：「怎麼能讓本地人覺得，保育員重視動物的命多於人呢？」或許我沒有他的情操和胸懷，人類畢竟是地球上最兇殘、最危險的動物。

這次談話後費奇似乎比較接受我，甚至跟我坦誠在我來之前，他很擔心有個亞洲人來，會危害到他們的犀牛。一開始我很氣憤難受，自我懷疑為何要花錢花時間來讓人懷疑我。但轉念一想，他們每天是以生命在保護犀牛和大象，謹慎還是必須。有時候一起去巡邏，我跑去灌木林方便，回來他還會開玩笑說：「妳去那麼久，犀牛在另一邊哦！」嘲弄我去獵了犀牛，我也不客氣的言語還擊，總算建立起一點信任。

•••

克雷格在犀牛保育界是名人，他在二〇一三年創立了世界第一支以黑人女性為主的反盜獵隊黑曼巴（Black Mamba）。他相信讓社區加入保育的重要性，啟發不少保育機構和當地人。隊伍成員有三十二名女性，兩名男性。這群婦女有媽媽、有剛畢業的，全來自附近村莊，除了實際的反盜獵工作外，也起了重要的社區教育和宣傳作用：黑人女性一樣能負起男性主導的反盜獵工作，而且一樣有愛動物、保護動物的決心！同時，也把不應盜獵犀牛、保育的觀念帶進村莊，成為小孩的榜樣——讓犀牛生存的價值和經濟效益比盜獵高和長遠。終究，要減少當地人誤入歧途，教育是第一步。

我很高興也能參與黑曼巴的工作，跟著費奇到不同哨站，突擊檢查各隊的紀律，了解她們的工作狀況，甚至跟著隊員巡邏。黑曼巴以女性為主，克雷格成立隊伍之初，就有超過千人申請，當然不少人是為了賺錢，不是真心為了保育。但在正式工作前，隊員全都經過三輪共十周的特訓嚴格挑選，像野外分辨動物的常識、搜索、體能、武器應用和武術等。相信我，黑人女性體格之健壯，亞洲男性不會想跟她們比賽。為防內鬼，成員也要定期做測謊測試。在經過特訓和實際工作後，隊員都開始明白保育的意義。

克雷格覺得反盜獵不應只是追求更強、更新的武器，等盜獵發生再去追捕。所以黑曼巴隊員都沒武裝，但著整齊軍服，每天平均徒步二十公里以上。她們的工作不直接追打盜獵者，而是像道防護網，二十四小時在保護區內巡邏。黑曼巴也像一般女生愛做美美的指甲和頭髮，但光鮮亮麗的形象，告訴想闖進來的盜獵者：我們在看著你；也讓村民知道，保護動物是能改善生活的。

黑曼巴的工作很重要，要注意圍欄有無被盜獵者入侵、走動和停留的痕跡。一天我跟三位隊員在灌木林中巡邏，走了一會，草叢中傳來「呼隆隆」的聲音，大家面面相覷，隊員米倫（Mirren）還有心情笑說：「那是摩托車吧！」灌木林中哪來的摩托車！那分明是獅子低吼的警告聲！大伙馬上後退，匯報總部、請車馬上來接。好在那獅子早吃飽了，不想被我們打擾。還有隊員碰過獅群、遇過大象準備衝擊的。當黑曼巴雖不用直接面對盜獵者，但也是充滿危險。

有時候我們也在灌木林、山坡上到處搜索和移除陷阱，除了盜獵犀牛外，也有不少陷阱是村民盜獵動物做巫毒或肉食而設。也不知道是好運還是不好運，一天能找到逾二十個陷阱，可見黑曼巴有多重要。「我姊姊靠黑曼巴工作成為家庭唯一經濟支柱；每次她回家講工作的情況，都讓我很羨慕，後來我也加入了！」米倫說。很多非洲人根本沒見過犀牛，黑曼巴的工作讓女生也能養家，她們看到犀牛的可愛，盜獵者的殘虐，心裡覺得悲憤，也教導村民。「我當然也會害怕，但我為自己的工作自豪，很多人看輕女人，黑曼巴就讓他們知道，男人能做的，女人也可以！當孩子長大，看到非洲五霸，他們也會為非洲自豪。」兩子之母的費力西亞（Felicia）說。我也跟著她們到地區學校教小朋友保育生態的重要，有的小朋友需要用方言來教，黑曼巴就比我這種外地人更有用。

有了黑曼巴的巴路里，肉食盜獵的案件減少了九成，犀牛盜獵也減少了。能夠認識這群美麗又強大的女性，我真心感到驕傲。

•••

犀牛監察員妮安利一星期有數天會檢視犀牛的數量、健康情況、勢力範圍等。我跟著她，也像在納國的研究所做的，更換偵察相機的記憶卡，記錄犀牛的照片，和聽她訴說跟犀牛難忘的故事。要看到犀牛也不容易，有志工在這兩個月都沒看過，而我在這兩個月中竟幸運遇上三次，還包括甚為罕見、瀕危的黑犀牛。

非洲的兩種犀牛分為白犀牛和黑犀牛，兩者的差異其實不在於顏色。白犀牛身型大，能達三米五至四米六長，兩米高，嘴巴扁長像是吸塵器的吸口，多在平地生活。黑犀牛則已達極危，牠們身型小多了，三米五至三米九長，一米五至一米七五高，嘴巴較尖細。以犀牛的體格，在野外除了獅子會攻擊犀牛寶寶外，本應沒什麼天敵，但人類盜獵的出現，就讓這龐然巨物面臨五千萬年來最大的威脅。

一天我們如常在保護區內開著吉普車，沿路觀察腳印和糞便尋找犀牛。在滿滿灌木叢中，愈看愈覺每一欉灌木都像犀牛頭，讓人眼睛發花。本想著今天又沒收穫時，妮安利心血來潮轉進從未走過的岔路，她直盯著灌木林內，有兩隻小耳朵在動。「是典娜！」黑犀牛典娜（Deena）從灌木林中走出來，一隻小寶寶緊跟著，好奇又茫然地看著我們。妮安利早發現有小腳印出現，但一直沒看過寶寶。牠們竟走向副駕駛窗邊看了一陣才走回去吃草。雖然只是五分鐘不到的事，但能近距離看到犀牛和寶寶，就夠開心和難忘了！這是典娜的第二胎，上一胎流產了，妮安利激動得想跳舞。「歡迎來到這世界呀寶寶！你為瀕危的黑犀牛，多增添了一名成員呢！」南非的黑犀牛估計只有兩千隻，每多一隻都是對保育員最大的鼓勵。

犀牛對交配很講究，壓力下很難受孕，也是人工繁殖難以成功的原因。而且犀牛的孕期長達十五至十六個月，一胎一隻，寶寶在兩到三歲前都會跟著媽媽。犀牛生產速度追不上盜獵者的貪婪，牠們也就更加瀕危！失去媽媽的犀牛寶寶沒奶喝、也容易成為獅子、鬣狗的獵物。之前不幸有盜獵發生，妮安利也要馬上救回寶寶，送去讓犀牛孤兒院照顧。但有保育機構悲觀地認為，以目前的盜獵量和孤兒比例，尋獲而被救的寶寶可能只有兩成。

犀牛模樣雖然蠢中帶兇，但其實是草食性動物。牠們身上沒有斑點，妮安利是怎麼分辨？原來保育區內的犀牛都在耳朵不同位置打洞作為識別。牠們眼睛小小的像黑豆，視力像個大近視，聽覺跟嗅覺倒很靈敏。問題是犀牛天性太好奇了，像黑犀牛聽到聲音會跑來查看，白犀牛會先跑再駐足細看，兩種行為都讓牠們很容易陷入盜獵危機中。

有天晚上我們回營地時，保育員彼德（Pieter）忽然緊急煞車，「是祖魯（Zulu）！」這隻白犀牛最喜歡在我們營地周遭出現了！每次搜尋犀牛都是這樣，收到很多區內人員說有犀牛的跡象，自信滿滿以為一定會找到的那天，準看不到；只有在毫無預警時，才會碰上。我們不想打擾，黑暗中灰灰的祖魯逕自享受晚餐。每次看到犀牛，總是緩緩又憩靜地吃草的樣子，自在又悠閒，看著牠們獨特而溫柔的眼神，像一隻溫馴的小恐龍。為什麼人類要這樣殘害牠們？我每次觀察牠們時心裡都忍不住對牠們說：「快逃呀！人類對不起你們，看到人類應該要逃呀！不要讓我們接近！」我深怕牠們的友善會變成盜獵者的目標。

妮安利長期和犀牛接觸，她印象最深刻的是隻常監察的雄犀牛，有天發現牠和別隻犀牛打架，身體受了重傷，可能活不久了。在尋找和監察的過程中，牠竟平靜地讓她靠近了將近四小時。當時克雷格有個艱難的決定，這犀牛能康復嗎？還是要人道處理呢？另一廂魔鬼也開出條件，反正要人道處理，乾脆賣給私人保育區，讓獵人狩獵，換取可觀的保育和反盜獵經費，還能拯救更多犀牛。安坐家中的我們，可能二話不說：當然不讓獵人狩獵呀！但要維持像巴路里這麼大的保育區，平常連像樣的吉普車也沒有、偵察相機不夠用、追蹤器沒電、圍欄又被大象破壞等問題，每天都在燒錢，想不為五斗米折腰還真難。我就是欣賞克雷格的人格，他當時選擇了第三個方法，不賣也不殺，這隻犀牛竟也硬朗地好起來，還繁殖下一代。有時候，大自然自會做出最好的決定。

我問妮安利，看到自己監察的犀牛臉被砍掉的屍體，能以專業壓住情緒不哭嗎？「我哭了，既悲痛又氣憤，也對同為人類很困惑。」我也是。

•••

為了保護犀牛，保育員可說是費盡心思，但目前為止，除了由人員進行巡邏、追捕的直接反盜獵手段，還是很難阻止。盜獵者喪心病狂的程度已到高峰，二〇一七年初，一間法國的動物園中，只有四歲的雄性白犀牛被槍殺，角被切下。證明犯罪集團已到無法無天的地步，動物園也不再是很多人以為，動物能安居的地方。既然盜獵者要的是角，那事先以安全的方式把犀牛角切掉，犀牛不就安全了嗎？

邏輯上來說，就等於因為女生很美會引人犯罪，那把她的臉弄醜吧（像印度常出現向女生潑強硫酸的可怕案件），不是很荒謬嗎？犀牛有角是罪嗎？克雷格解釋，盜獵者比想像更為殘忍，他們苦苦追蹤犀牛時，一樣會殺死無角犀牛，一來憤怒，二來不會搞混和別隻犀牛的蹤跡，三來在黑暗的灌木叢中根本看不到有沒有角。現在很多保育區都在外圍張貼大型廣告牌，示意區內的犀牛已切角，希望盜獵者別來犯。

要安全割取犀牛角很花人力財力和時間，必須出動直昇機追蹤數天、獸醫下麻醉藥，再小心地切下九成的角（盜獵者只會把臉破開）。這在小型的私人保育區較易實行，但犀牛角就像指甲，三到四年會再長出，像國家公園這麼大的範圍，幾乎做不完。有研究發現，在辛巴威，盜獵者仍殺死已去角的犀牛，因為他們連剩下的一成角也不放過！

但大自然不會製造沒用的身體部位，要不然也早在演化過程中退化掉。犀牛角對犀牛來說不是裝飾品，角讓牠們在族群爭奪地盤時用以打架、保護寶寶不受獅子等掠食性動物攻擊、挖掘水源、引導寶寶前行（黑犀牛居住在較崎嶇的石坡，寶寶走前面，媽媽會用角頂著牠走）……沒有角的犀牛也意味著與同類打架時，遇上有角的對手會受重傷。而切除角的麻醉過程中，犀牛也可能猝死。但以目前情況看來，去角的確是無可奈何，在每個保護區都必須做的事。

切割下來的角要怎麼處理也是問題。曾有盜獵者以為，另一保育區的負責人家中藏有犀牛角，將夫婦倆打個半死，可憐的兩人早已把角送到首都保險庫了。

為了保護犀牛，很多人創意盡出，像有人就提出把毒藥加入犀牛角中（但不會影響犀牛健康），甚至把角染成粉紅色，讓買家因恐懼而不再購買。但經實際操作發現，除了跟去角一樣有花時間麻醉、下藥的瓶頸外，盜獵者根本不關心犀牛角有問題。有毒也好、有顏色（很快就會掉色）也好，他們照殺照賣，而毒藥的分量不會也不該毒死買家。這些方法都在二〇一三年前後提出，犀牛被盜獵的數字卻仍沒有降至一千隻以下，成效令人存疑。

比較有用的方法，是在角內鑽洞、放追蹤器，成效卻還不夠顯著。在克魯格國家公園，反盜獵人員安裝了「狐獴」偵察器，以紅外線和相機大範圍監控，能立刻分辨人類和其他哺乳動物，拍出盜獵者；現階段已成功阻止小部分盜獵發生，問題是一台狐獴就要價超過百萬美金。

•••

試想，為了我們可能發現一隻犀牛被盜獵，動用了多少人力資源、小型飛機；每一天用於保育犀牛的花費都是上萬美金，到底保育犀牛有多重要？

對於自然，犀牛屬大食量的草食性動物，對植物生態有重要的修剪和施肥作用，對其他動物來說也是平衡環境。一隻犀牛平均需要兩平方公里的範圍生活，保護犀牛，代表同時保護整個生態環境。對當地人來說，犀牛是非洲五霸之一，能吸引大量遊客，保育犀牛也是保障當地人的旅遊就業和發展。現在因盜獵猖獗，野生犀牛只集中在保育區或國家公園，經濟狀況較一般的的私人農場或保育區，負擔不起昂貴的反盜獵保安費，只能把犀牛賣掉，以免造成自己或犀牛的傷亡。欠缺廣闊的生活環境，會讓犀牛近親繁殖、削弱基因差異；所以保育專家也常煩惱要把犀牛搬遷到不同的地區。

我以前沒想過，世界三大影響力最大的犯罪，武器、毒品和走私，其中走私包括人口販子和野生動物。國際警察、國外記者都多次調查，犀牛角和象牙走私，都跟牽涉人口、毒品販賣的國際犯罪集團，甚至恐怖活動有關。以犀牛角和象牙走私的規模和路線之龐大，需要的人力、眼線、財力都是難以想像。美國國際保育核心基金會（ICCF）調查，索馬利亞伊斯蘭激進組織青年黨（Al-Shabab）在肯亞透過象牙走私，收益龐大，足以支援組織四成武裝活動的開銷。美國政府也曾經發出一百萬美金的懸賞，追查寮國、越南、泰國的犯罪集團，相信和全球野生動物盜獵和走私有關，他們出口到越南及中國，也有亞洲遊客直接到寮國購買。

食物鏈中的低層走私者，用盡各種方法經由空運走私，把犀牛角以鋁箔紙包裝、以牙膏和洗髮精去除味道、或用蠟封，藏在各種貨品之中，以迂迴的飛行路線由非洲帶入亞洲，混淆執法人員的視線。犀牛保育組織估計，在二〇一〇至二〇一七年，全球共充公了約五噸，約兩千一百五十隻犀牛角；但對比起總盜獵量，約值三十七噸以上的犀牛角，充公數量只是冰山一角，證明還有很多已被販賣或藏起來。

所以保護犀牛免於被盜獵，不只因為犀牛瀕危，也是向不法分子宣示，不容他們無法無天。二〇一八年初，警方抓到其中一名泰國走私頭目，他可能面對的刑責只是四至十年監禁、十萬新台幣的罰款，對比千千萬萬被殺的野生動物、護林員的死亡，這懲罰根本不算什麼。

我其實不敢相信世界會變得愈來愈好；二〇一七年，一名南非人在犀牛保育界投下了一顆震撼彈，引起極大爭議：把犀牛像牛一般飼養，讓犀牛角安全切下來賣，可持續發展，就可以救回犀牛了！

根據瀕臨絕種野生動植物國際貿易公約（CITES），在國際上不允許犀牛角販賣，但在單一國家就沒有約束力。南非本來禁止販賣犀牛角，但二〇一七年，兩名犀牛養殖者包括約翰．休姆（John Hume），以政府的法律程序錯誤為由提出上訴，政府終於下令，准許南非國內合法販賣犀牛角。

這一道法令，讓很多犀牛保育者包括克雷格都深受打擊，覺得這場仗更難打了。但休姆的想法，也不無道理不是嗎？犀牛角之所以昂貴及吸引不法分子，正是因為稀有。那把大量犀牛角推出市面，讓價格下降，減低犯罪者利潤，不也就能使他們收手了嗎？先不說把犀牛當成牛來養是否可行，概念乍聽之下還挺有道理的。

套句英文諺語，你聞到當中的老鼠嗎（smell a rat，意指事有蹊蹺）？休姆是世界上擁有最多犀牛的私人業者，高達一千五百隻，他提出每二十個月就把犀牛麻醉、安全切角，生產合法又不傷害犀牛的犀牛角（但別忘記麻醉藥對犀牛的生命有一定風險）。他強調自己花費大量金錢做防盜獵，養犀牛、獸醫費等，已經囤了五噸犀牛角，如果再不賣犀牛角，他破產後這些犀牛就沒人保護了；合法販賣犀牛角，只一心想救瀕危的犀牛，完全不為賺錢。問題之一在法令只允許犀牛角讓本地居民在南非合法販賣，國際法律也嚴禁攜帶犀牛角出國，但主要的需求都在越南和中國。這導致兩個結果：一是有心人士在南非囤貨，等待國際販賣合法的一天；二是直接走私到亞洲。無論如何，也都只幫犯罪集團賺更多錢；又或者說，有人的底細也不見得那麼單純。休姆在二〇一七年八月設立了犀牛角拍賣網站，三天內一次拍賣了兩百六十四支犀牛角，網頁有英文、越南文、簡體中文，目標買家是誰，一目瞭然。即使南非政府表示會嚴密監控合法犀牛角買家，以及犀牛角的去向，但根本沒有相關機制；休姆也曾說過，犀牛角賣給誰都可以，他不在乎。

最重要的是，這麼做犀牛角的價格真的會低到犯罪集團無利益可圖，而不再盜獵嗎？克雷格否定這假設：「一來釋出的犀牛角數量根本達不到大幅壓低價格的程度，二來反而會增加需求。」他解釋犀牛角的高價，代表在越南只有最富裕的1%人口有能力購買；但價格略低後，變成最富裕的5%能負擔，變相打開更大的市場，整體利潤對犯罪集團反而增加，盜獵情況恐怕只會更糟。克雷格不禁歎息，現在犀牛的數量，根本不堪人類的貪念。

休姆提出把每根合法犀角做DNA登記，監控買家只作私人用途。但可惜非洲是個貪腐之地，為非法犀角偽造文書、非法變合法，一點都不難。這恐怕也只為犯罪集團打開另一道方便之門。事實上，人所共知的犀牛角盜獵頭目，也公開贊成犀角合法化，可見不管合法非法，他一樣有利可圖。

三天的網上拍賣，休姆沒透露實際銷量和收益，只說反應略遜預期；值得留意的是每位競標者，都要先繳交二十萬新台幣。最終還是肥了自己口袋，又怎麼能幫助野生犀牛保育？要明白保育犀牛並不是把犀牛當成牛來飼養，我們不希望犀牛滅絕，但也不需要變成寵物或繁殖工場（他目標每年繁殖兩百隻犀牛）。在保育層面來說，圈養的動物和野生族群完全不同，不能隨便野放，不然把動物都養在動物園不就好了。再說任何一個物種過量，都會造成生態災難。

生而自由基金會（Born Free Foundation）發言人說，如果今天犀牛角有需求，我們就養犀牛；象牙有需求就養大象、獅子骨有需求就養獅子，但那需求根本就是錯誤的觀念和醫學常識，我們真的要讓錯誤繼續下去嗎？事實上象牙貿易就證明了是一場極大錯誤，將在下一章再續。我們沒辦法討論休姆真正的用意是好是壞，但只安好心卻以錯誤方式進行，也可能是一場災難。而犀牛，已經沒時間讓人類做這場實驗了。

•••

跟很多問題一樣，要解除犀牛盜獵的威脅沒有單一的方法，保護區要嚴密防盜獵、保育棲息地，讓當地人了解犀牛和保育的重要，不再盜獵；政府要強硬落實刑法、消除貪污、打擊走私……但沒有比亞洲的買家不再光顧更重要。

TRAFFIC在二〇一七年九月揭露了令人不安的新犯罪模式：警察破獲一個由住在南非的中國人營運的工廠，專門把犀牛角加工成珠子、手環、磨粉等。以往走私者多會把犀牛角原根或切半帶走，利潤較高；但現在切割成碟狀或珠子，方便逃過偵察，直接帶到亞洲，執法人員也很難辨識。

根據TRAFFIC的資料，日本、韓國、台灣在七〇至九〇年代，都曾經分別是犀牛角的消費者，但在教育和法令下，已不再對此有需求，當時的盜獵量也在一年平均十三隻。但二〇〇五年起，隨著越南和中國經濟起飛，犀牛盜獵的數量爆增。近三年的盜獵案稍微下降，但犯罪集團的重心卻往政治不穩的國家、較少保安的地區轉移。

犀牛從五千萬年前已存活在地球，遨遊非洲大地和亞洲的叢林，歷經無數的天災人禍，在各種大動盪中也都存活下來。問題是來到二十一世紀，牠們還能繼續下去嗎？無數的動物學家說過，依照現在的盜獵數字，犀牛在八至十年內就會絕種（亞洲犀的時間更短）。不論保育員多努力，沒有亞洲買家配合拒買犀牛角，他們都知道這是一場沒把握的仗。自命高度聰明、先進的人類，就要這樣讓這硬朗又美麗的動物消失嗎？我們想要歷史讓亞洲人留下臭名，將亞洲人稱為犀牛滅絕的兇手嗎？

右｜從約翰尼斯堡到保護區中間的高速公路上，經過一個休息站，竟然是個野生動物保護區，已切角的犀牛和其他羚羊、非洲水牛等和睦生活。

上｜只要經由獸醫小心切角，不會對犀牛健康造成影響。

右上｜在保護區的志工營，簡單樸素的茅草屋頂小屋，沒有電、門框縷空，幸運的話一睜眼就能看到野生動物。

右下｜志工營的基地，只靠太陽能發電維持最基本的照明、冰箱和無線電。

上｜志工中心負責人克雷格（前左）和保育員，為了保護犀牛和各種動物免受盜獵，每天二十四小時都要專注於有沒有突發事件，很令人敬佩。

右上｜沒有光害，在志工營隨隨便便都拍得出銀河。

上｜我最喜歡非洲大地的日落，火紅紅的夕陽，是動畫《獅子王》真實的呈現。

右上｜黑曼巴成員超過九成是女性，見證女性也能為防盜獵出力！

右下｜黑曼巴成員路詠（Lewyn）專門到各家學校宣揚保育，我們也一起幫學校油漆翻新教室。

上｜歡迎來到世界上！超可愛的黑犀牛寶寶還沒有角，接下來三年時間都會跟著媽媽生活，希望你平安長大！

愛恨陸上巨無霸

今天的工作又是維修保育區的圍欄，保育員兼保育區管理員彼德雖然平常是個謙順、任勞任怨的好男生，但面對修完立刻又塌的圍欄，也忍不住歎氣。就算圍欄已有三到四米高，如果沒有電，大象還是腳一跨就把圍欄踩扁，根本來不及通電，只能又再修完又再被破壞。隨著氣候變遷，乾旱愈來愈嚴重，大象靈敏的嗅覺追著水源，隨意走到與保護區相連的私人農場內，造成保護區和農場損失，也恐怕影響到大象的安危。

我在納米比亞已經見識過大象和當地畜牧農民的矛盾，當時很難得才見到大象；在巴路里可不同，晚上在戶外廁所方便時會聽到牠們吃樹葉的沙沙聲，有次我聽到像花豹的咕嚕嚕聲，嚇得趕緊跑出來；妮安利說那只是大象肚子裡的翻滾聲，實在有夠響亮！平常工作時，我們一星期起碼有五天會看到大象。我從不厭倦，牠們的臉流露著智慧，小象更是可愛得像巨大的公仔。

這裡的主要盜獵對象雖然是犀牛，但對保護大象也不能掉以輕心。非洲大象的數量約在四十一萬五千隻，在IUCN名單上屬易危。但在象牙盜獵的威脅下，每天平均有九十六隻非洲大象被盜獵，也就代表每十五分鐘就有一隻大象死於盜獵，牠們被狠心砍下半張臉，一年就達三萬五千隻！這幾年，大象盜獵數字再度回升，在二〇〇〇至二〇一三年當中，南非並沒有大象盜獵的數據，像克魯格國家公園從前幾乎沒發生過（只以犀牛盜獵為主），但在二〇一七年就有七十八宗，可見大象又再度陷入了危機。

•••

「一、二、三！唏！」深吸一口氣，我用盡全身力氣把倒塌的鐵絲網向上推，撐不住了就用背頂著，彼德和其他志工連忙用鐵絲和鐵柱把網子再架起。大象的破壞力驚人，在保育區隨處可見牠們的「傑作」；除了吃樹葉，很多樹被大象用象牙挖樹皮，甚至直接推倒，吸收當中的營養。我們在觀察大象時，就常看到大象像推牙籤般輕鬆地把樹推倒。但動物學家也認為大象是超級關鍵物種，被稱為灌木叢的建築師。

我們平常尋找大象，最容易從大象糞便著手。牠們吃樹葉、果實，一天能消耗約一百至三百公斤食物，但當中只有四成能完全消化。牠們的排泄物能散播種子，甚至能帶到五十公里遠，有助於讓樹木基因保持多樣性，使灌木恢復活力。雖然大象推倒樹木看來像在破壞灌木林，但卻也因此打開茂密的灌木層，讓低層植物得以吸收水分；挖掘根部也形成小蓄水池讓其他動物飲用。保育大象，也等於幫助整個生態圈的動植物。

我們每天經過鐵絲網，總開玩笑要彼德別看鐵絲網了，以免傷心；但為了防盜獵，當然不行真的置之不理。大象愛推倒大樹，也不可能貼心地把樹往路旁推。常有樹倒在路中間，我們要即時把樹鋸成小塊後移開。大部分的樹都長滿刺，要下刀鋸也很難；鋸完也要把刺丟進灌木中，以免刺穿車輛輪胎。

而且保護大象，也不只限在指定區域內。大象逐水草而居，旱季時活動範圍更大，也沒有保護區的概念。大象一般是群居動物，由母親、姊妹、妯娌等聯合成十到一百隻的族群，帶領整個家族的小朋友一起生活。但踏入青春期（十二至十五歲）的雄象就會被逐出群體，另外組成雄象為主的小團體。我曾經目睹還年輕的雄象苦苦跟著象群，卻被母象狠狠用長鼻、搖著頭、舉起腳地趕走，這麼做是為了讓他自立，以免近親繁殖。這天克雷格接到消息，三隻雄性大象離開了保護區，正是這情況的大男孩。

三隻大男生闖進了附近峽谷的柑橘園，簡直是自助餐吃到飽，但卻造成農民極大困擾。雖然說大象已不在保護區內，但克雷格深怕麻煩大了，農民會對大象做什麼。為了保護牠們，保育員也經常需要幫大象和犀牛搬家。克雷格經過兩個月時間監察，確定大象在高空較容易看到的位置，終於在某天準備好行動，從另一地區調來拖吊車、直昇機、獸醫和大量人員，也通知警察準備開路。前一天保育員們都緊張到睡不著，畢竟每次麻醉都有風險，不容出任何差錯。我們把營地的五百公升水桶全部裝滿，放滿四台吉普車；天氣漸熱，麻醉後要馬上灑在大象身上降溫，以免體溫過高造成大象生命危險。

第二天全體人員天未亮就集合，直昇機已出動，準備低飛把大象趕到沒樹木遮掩的地方再射麻醉槍。一個小時又一個小時的過去，我們從一個小型機場轉移到另一個，午餐也吃完了，但三隻大象像在跟我們玩躲貓貓似的，躲在樹下遮陰，機師和獸醫就是看不到，大家只好收隊。做動物保育，並不是每次行動都有收穫，畢竟你無法控制動物，但也這樣砸了十幾萬新台幣。

我離開保育區後，大伙終於再找到了三隻大男生，把牠們麻醉後再轉移到遠離農場和民居的範圍。但不論是這群或是其他大象，牠們都需要很大的生活範圍，當然也會自由走動，同樣的事情還是會重複發生；為了動物和當地居民能相處，保育員不能放棄，這就是保育日常。

• • •

志工工作並不是每天都在灌木林出任務，有時候我們也要坐辦公室，整理偵查相機拍到的照片，記錄拍到的動物種類、性別、數量、年齡等等；每張幾十隻動物，數到眼花撩亂、頭昏腦脹。有時候大象也愛來到辦公室外，吃吃樹葉。當中的依索雲尼（Ezulwini）是大家都認識的象，一眼就能認出；除了因為他個性隨和外，也因為他可能將會成為難得的長牙象（Big Tusker）。

和我們想像中的大象不同，來到非洲後，看到大象的象牙其實並不如動畫或童話故事中出現的那般長。本來非洲象不論雌雄都有長象牙，但隨著殖民時期的象牙貿易，到後來的象牙盜獵，讓非洲象的數量從一百三十萬大幅減少了62％；有的國家則因內戰，例如莫三比克曾多達98％的大象被屠殺，中非國家也劇減80％。研究員發現，以前只有2至5％的非洲象沒象牙，現在部分地區竟多達98％的母象沒長象牙。這正是之前提過的逆進化，即使有象牙，現在大象的牙也比百年前的短一半。

所謂長牙象是指象牙長到幾乎能接觸地面，每側象牙都能達五十公斤重；世界現存長牙象全非洲只有不到三十隻。因為盜獵者只求快速，一隻大象平均年齡五十到六十歲，要到三十五歲以後才到繁殖顛峰狀態，代表擁有健康、活力和長壽的基因，而象牙也在最後十年才長得更長。盜獵者沒有耐心等待，長象牙的都先被殺；即使合法的戰利品獵人，也對長牙象虎視眈眈，種種理由都讓本來象徵弱勢的短牙象基因流傳。

象牙跟犀牛角不同，犀牛角跟指甲屬相同物質，在有經驗的獸醫小心切割下，不會傷到犀牛，也能重新生長。象牙就是門牙而非犬齒，曝露在嘴唇外的只是整根的三分之二，象牙裡面有血管、神經；雖然在野外生活，大象也會因打架、挖掘泥土時折斷象牙，但卻跟我們去拔牙一樣，會非常疼痛。盜獵者不會有時間跟心思好好麻醉再切牙，所以會以槍、麻醉藥或下毒後，直接往臉上顱腔劈出象牙；讓大象倒在血泊和痛苦中慢慢死去，手法殘忍野蠻。

象牙盜獵的情況也曾好轉；在七〇至八〇年代，象牙貿易毫無監管下，每年有近十萬隻大象被殺害，整體數量在十年間只剩一半。直到一九八九年根據瀕臨絕種野生動植物國際貿易公約（CITES）實施國際象牙禁貿，讓大象的數量漸漸回復平穩。但在南非洲四國的反對下，CITES 分別在一九九九年及二〇〇八年啟動單次大量向中國等國家輸出象牙；這批全屬自然或「保育管理」原因死亡的象牙庫存，原意是推出極大貨量可讓市場價格大幅下跌，但卻直接導致今天的象牙盜獵失控和大象瀕危的危機。

基於 CITES 的出爾反爾，散播出來的訊息是將不定期開放象牙貿易，犯罪集團要不照樣走私，要不囤貨，將來市場價格就會大漲。到二〇一四年，象牙價格在中國大漲三倍。在合法象牙貿易出現的同時，亞洲多國也一直充公數百噸計的非法象牙，證明象牙貿易並無法阻止盜獵。而且合法貿易的規範也有很多漏洞，保育機構野生救援協會（WildAid）和非洲野生動物基金會（African Wildlife Foundation）做的調查也發現，香港的象牙商利用合法象牙做幌子，一直加入走私象牙滲貨，讓供貨源源不絕。

現在各國政府對於充公或庫存的象牙，會高調的一把火燒掉，就是要讓販賣象牙者知道，象牙貿易不會重啟的決心。中國一直是世界最大的象牙市場，但就剛宣布自二〇一八年起，嚴禁國內象牙及其製品買賣，香港也會在二〇二一年前全面禁止象牙交易。象牙商一直想藉此獲得賠償，但香港政府拒絕，以免不法分子加劇非法獵殺大象及走私非法象牙到香港，魚目混珠來獲取賠償。

大象需要二十二個月孕期，母象要每三至六年才再生下一胎；現在的盜殺量已達比生育率快的臨界點。同樣情況，如果犀牛角合法貿易一出，只怕會再重蹈覆徹；只是犀牛數量比大象少幾十倍，已不容人類以此作賭注了。

如果去到熱門的國家公園，很容易有錯覺：大象是可以接近的。事實上，大象生起氣來沒有動物惹得起，就連獅子也不敢招惹牠們。每年，有人死於大象之下的新聞也偶有發生。

• • •

我們在保育區觀察和記錄大象，隨時都要保持安全距離，看到大象正在前方或兩側吃東西，絕對會先停車、讓牠們慢慢吃完，等牠們走開了再繼續開車，不能以為「我沒擋到牠們路，從旁邊小心穿過就可以了」。牠們只要感覺受到威脅，暴衝一撞上來，吉普車也會成廢鐵。很多意外的發生，都源於人們錯誤解讀大象的肢體語言。通常帶著寶寶的象媽媽警覺性最高，如果沒感覺到威脅並不會大發雌威，但也不要去逗弄象寶寶；象族中的青少年最喜歡先衝過來示威，就跟人類青年一樣，較衝動和急於展示自己已經長大，但通常也只是做做樣子。成年的雄象在狂暴期，發情又暴躁時就最不好惹了。總而言之，保持距離就是對野生動物的尊重。

有天我們跟志工營的管理員華倫（Warren）出來尋找鐵絲陷阱，我們也常在工作結束後到灌木林散步，認識樹和辨認動物腳印。遠遠看到兩隻象，落單的明顯是公象。我們決定保持安全距離來靠近觀察，為了安全一路繞道，走在大象後面。大象的視力不佳，大約只有十到十五米，但聽力跟嗅覺都很驚人。大象看不到躲在灌木後的我們，但卻聽到我們踩踏樹枝和樹葉發出的聲響，一直想躲開。我們觀察一會兒牠們吃東西，也就不打擾了。

另一次和妮安利在車上，就沒有那麼平靜了。我們在吉普車上記錄沿途看到的大象，來到一條呈S型的坡路，由於視線受阻，沒看到正前方就有隻大母象。想馬上倒車保持安全距離時，後面又有另一隻象走來；我們剛好被夾在兩隻象中間，動彈不得。前方的母象張開耳朵示威，向我們衝來，我們幾乎不敢呼吸了。牠轉到我坐的副駕駛座旁的窗戶旁吃葉子，並一直看著我，我盡量用眼神示意友善的訊息。牠又繞到車子後頭，有一度我們都以為牠要翻車了！結果牠去了另一邊繼續吃。因為附近還有其他象，我們不得不留在原地。事後回想，心臟都嚇到要從嘴巴跳出來了，卻也是永生難忘的體會。

• • •

大象和人類並不見得是好朋友，特別當你是農夫，剛好種了大象愛吃的蔬果，牠們把你辛苦等待的收成吃掉，害你全家沒收入時，光叫他們要愛大象並不是真正的保育。雖然每個國家都有法令保護非洲象，但大多在保護區中才會嚴格執行，而70%的非洲象活動範圍並不在保護區內。大象需要廣闊的棲息地，人類的發展將土地切割成小區塊，大象不可能不踏進人類的範圍。各國保育員一直在尋求讓人象共生的方法，像我在納國時，他們嘗試種植辣椒、在圍欄塗抹辣椒。在肯亞，保育員則利用蜂窩。由於大象不喜歡蜜蜂，於是保育員在農村外圍設立圍欄，上面裝了在地的蜂窩，連接鋼絲，大象想進入時會搖動到蜂窩，蜜蜂就跑出來嚇跑大象。蜜蜂本來就有瀕危的風險，這樣一來也能保育蜜蜂，又幫助農作物散播花粉，農民也能生產蜂蜜，大象也不會受到傷害。

這個大象與蜜蜂計畫順利地推廣至非洲其他國家甚至斯里蘭卡，但不是每個地方都有足夠的蜜蜂能應付大範圍的區域。像在巴路里這種灌木林，地方大、灌木本身也沒那麼多蜜蜂，所以保育員要實驗另一種方法。到底大象是怕蜜蜂的聲音、蜜蜂本身還是其他呢？

我們在巴路里也做類似的實驗，研究缺少蜜蜂的地區可以怎麼做，特別訂製了蜜蜂的費洛蒙。這東西聞起來有很強烈的怪味，我們把費洛蒙塗在樹枝和乾淨的襪子上，連同沒放費洛蒙的樹枝和襪子，放在一個每天有大象經過的蓄水池附近，再躲起來觀察，記錄大象的反應，像是耳朵、鼻子、頭的動靜，發出的聲音等等。但由於還有很多因素影響，像費洛蒙的濃度，哪一種費洛蒙，風向之類，有時候大象看似不喜歡，有時候又看到牠們很快樂地用鼻子捲起有費洛蒙的襪子甩，看得我們好笑又好氣，畢竟實驗不成功呀。看來要另找大象討厭的氣味，還得多花時間實驗了。

我喜歡看著大象，耳朵因周遭環境晃動、靈巧的長鼻吃著樹葉、龐大的身軀搖擺著尾巴、同伴間的溝通，怎麼看都比什麼象牙製品有趣可愛。

大象的象牙是牠們的標誌，卻因人類的貪婪，反而成為牠們的詛咒。中國和香港都陸續實施象牙禁貿，象牙的價格已大跌，但不法分子似乎又把目標轉移了。《國家地理雜誌》不久前做的調查發現，象皮正開始成為熱門商品。美國一向有進口象皮製作皮靴、中東人以象皮做車椅皮套、中國人也開始在辛巴威大量競標國家公園放出來的自然死亡象皮。TRAFFIC 剛在二〇一八年公布的調查就發現，過去十年有超過一萬隻的大象皮運到亞洲，是哺乳類動物中第二高的數量。雖然說合法，WWF 也表明象皮不是盜獵大象的主因，但有保育團體憂慮這將成為下一波盜獵大象的動機。

大象是非洲最具代表性的動物，也是陸上真正的巨無霸。什麼時候人類才能懂得不再以金錢價值來衡量每一隻野生動物，不為牠們的身體部位訂下標價，懂得去欣賞牠本身的美？

暴衝後大象來到我的副架駛座旁邊吃樹葉，一直盯著我看，大家都不敢輕舉妄動。

右｜我來做志工的第一天，就幫忙了把這圍欄修好再拉起。

上｜保護區內有條通往礦場的鐵路，也是動物殺手。

ZS-HOJ

右｜為了幫三隻大象搬家，我們一大早開始準備，也出動直昇機找象。

上｜我們在保護區幾乎天天都看到大象，看到的象牙已經不再像童話故事中的那麼長了。

右｜若大象進入狂暴期，雄象的眼和耳朵之間的顳腺會排出焦油狀液體。

上｜南非洲已經多年受氣候變遷影響而雨水不足，我在旱季時前往，可見保護區的灌木林也是一片黃褐色。

南非洲常見的黃嘴犀鳥（Southern yellow-billed hornbill, *Tockus leucomelas*）會吃昆蟲，卻難得看到啄著小老鼠的一幕。

廿一世紀巫術世界

如果世界像《哈利波特》一樣，以法術來控制事情，好像很不錯吧。單純唸唸咒、吃吃草藥還好，但如果藥水是用獅子油、禿鷹頭、鬣狗腳、野犬毛調成的，又會變成怎樣的生態災難？是的，在非洲，巫術在村落裡仍然盛行。覺得是當地人愚蠢、教育程度低、很好笑嗎？其實就跟迷信普通人是師父、莫名奇妙的石像是神像一樣，懂吹噓就會有人相信。有沒有效沒關係，很多人還是寧可信其有。像在納國做志工時，野外有隻斑馬剛死，一位美國志工竟裝了一點斑馬血回去說要作法；有趣的是她平常還是純素食者，迷信的玩意真和教育程度無關。

南非雖是基督教國家，但巫醫仍有很高的地位和需求，甚至有調查發現，高達六成的南非黑人生病會先求巫醫才去求西醫；政府為了尊重各族文化，也不會阻礙，報紙、街頭、網路上都有巫醫廣告。巫醫開的藥方稱為Muti，除了草藥外，還有不同野生動物的身體部位，能醫百病是基本，有需要時還能開運招財、壯陽生男丁，最厲害的是還能變成蒼蠅逃獄！以前土著捕獵動物糊口，吃獸肉、穿獸皮做成的衣服、以殘肢作巫術用的材料。現在的人住在村子裡，看電視、有網路、去超市買食物雜貨，巫術仍然存在，但野生動物殘肢要上哪找？

有一天，妮安利看了一張可怕的照片，是附近另一個保護區發生的盜獵：一隻非洲野犬的頭斷了，頸上有深深的血痕，上面有鐵絲。在納國就見識過非洲野犬有多瀕危，在南非估計也只有四百五十到五百五十隻，少一隻也嫌多。為什麼會想盜獵非洲野犬呢？「是巫術，應該沒有人想捉野犬食用。」克雷格認為。這血腥的畫面也像警訊一樣，提醒我們要集中尋找鐵絲陷阱。

在巴路里保育區要防範的，除了有犯罪集團經營的有組織盜獵犀牛外，還有小型但同樣不容忽視的盜獵；分別為了能賣掉獸肉、或把肢體賣給巫醫，有的則是巫醫開了藥單後，需要自己去「抓藥」。通常是窮困的村民會潛入保護區或在保護區附近，放下鐵絲陷阱，打算一陣子後再去取獵物，算是無差別殺動物法，有什麼抓什麼；但九成時間他們都沒機會再拿獵物，造成大量動物莫名其妙受害。

我們一周有兩天會在保護區巡邏，尋找這種鐵絲陷阱。這東西不像捕獸器，人類不會踩進去被夾住受傷；村民會用粗鐵絲或粗電線圍成圓型，一邊線頭簡單繫在灌木中，動物一邊吃草吃樹葉時，不小心走進去，視動物的體型大小，犀牛、大象可能會被纏到腳，獅子、野犬、鬃狗、各種的羚羊則會被纏到頸部，動物一走動，鐵絲愈拉愈緊，小型動物掙脫不了就渴死、餓死，或直接扯斷動物的腿或頸；大型動物會被纏在頸上，愈勒愈緊到割著頸痛苦萬分、直到傷口感染或失血過多而死；所以這種陷阱又被稱為「死亡項鍊」。有收穫的盜獵者會在保育區潛藏，快速屠宰動物後，直接把肉塊帶出去更方便運輸。

這種鐵絲陷阱沒有記號，除非在設陷阱時當場捉到人，不然根本阻止不了，只能靠志工、黑曼巴巡邏時移除。我常跟著去巡邏，在崎嶇不平的石陂、平坦的河床附近，有時候都能找到十幾個，通常找到一個就代表附近還有，要重複、再重複的檢查，曾在一周找出六十個鐵絲陷阱。天氣炎熱，一天要走二十公里，速度要慢、看得要仔細，找陷阱實在不容易。

克雷格說，不少盜獵者身上都帶有巫藥，他們從盜獵獸肉，掌握了保育區的弱點後，就有機會「晉升」為犀牛盜獵者，換取更大的利益。他們在盜獵前都會向巫醫祈求順利避過追捕的神丹藥水，像有實際亢奮藥效的提神劑，或聲稱喝了能隱形、刀槍不入、變身成鳥之類的超能力藥水。有沒有效？當他們被追捕時就知道了，神跡不會發生在心術不正的人身上。

•••

鐵絲陷阱的可怕在於難以發現，也不容易救受害的動物。鐵絲陷阱不大、殺傷力不小、卻不足以成為報導的頭條，反而讓很多人忽視其嚴重性；有調查指出鐵絲陷阱殺害的野生動物，比犀牛盜獵的數字更高。在克魯格國家公園，二〇一七年就有獅子、花豹等動物中了鐵絲陷阱，問題是地方太大，護林員不可能注意到每一隻動物。有遊客拍下可憐的獅子和花豹，頸上勒著一條又深又粗的血痕，痕中有鐵絲，馬上通知園方。但受傷的動物通常更愛躲起來，不易現身，護林員要找到大貓，請獸醫用槍射麻醉藥，往往需要一星期甚至更久才能治療傷勢。受鐵絲纏頸的動物每一秒都在痛苦地步向死神，幸運的會被救回一條命，不幸的則被漫長的痛楚蠶食至死。

隨著氣候變遷，雨季在非洲愈來愈遲、愈來愈短。巴路里地區也和很多地方一樣，每年的降雨量都減少；這對當地人農耕畜牧都有很大影響，旱季末更是獵獸肉的高峰期。任我們志工、黑曼巴再怎麼努力，也不可能找到全部的鐵絲陷阱，總是會有遺漏。

這次輪到保育區內的非洲野犬了！有導遊發現其中一隻的頸上有那可怕的血痕。之前也提到過野犬的居住領域很大，遠超過保育區範圍。幸好保育員早在這群野犬的首領身上裝了追蹤頸圈，而牠們屬群居動物，一切還算能夠掌握。確定了野犬群的位置後，獸醫要安靜地準備發射麻醉槍，大家都要先退開靜候。受傷的野犬中了麻藥，在麻醉槍的藥力還沒發作前，牠和同伴的本能都是先跑。

還好野犬就是有義氣的動物，中麻藥的野犬倒下後，載頸圈的首領沒放棄受傷的同伴，讓獸醫很快按 GPS 找到受傷的野犬。獸醫小心翼翼地從滿是血的頸中挑出鐵絲，安全移除後再消毒傷口，還好傷口沒想像中深，評估野犬應該沒事了，野犬群也回來找牠。令人振奮的是，保育員持續觀察多天後，發現獲救的野犬是六隻小野犬寶寶的媽媽呀！這一次不只是野犬媽媽，還救了六隻尚未斷奶的小野犬寶寶，瀕危的野犬再添了新希望！

•••

何為鬼何為神，過度的求神問卜，只會變成魔。為了巫術，盜獵者可以再狠心也不怕。二〇一七年，三隻在私人野生動物農場的獅子，受到可怕對待，盜獵者把有毒雞肉丟進圍欄毒殺獅子，其中的白獅更被斬首，盜獵者還在去除獅皮的過程中逃跑。但這已不是單一個案了，同年兩隻才剛從哥倫比亞馬戲團被救出來的獅子，在來到南非一家大貓保育中心後，也慘遭盜獵者斬首、掌和尾。牠們從原本窄小的籠子來到非洲大地，好不容易終於能展開較美好的新生活，沒想到竟遭如此毒手，一生都被人類傷害。

除了巫術用途，相信盜獵者也會想將獅子骨、牙、爪，運到中國等亞洲地方，可以製作成飾品、或作為藥材取代愈來愈昂貴的虎骨。像這類事件，在二〇一五年以前從未在動物中心或繁殖場出現，但光是二〇一七年前八個月，在南非就有二十隻圈養的獅子被盜殺及肢解。當地警察從犀牛角走私犯身上除了找到犀牛角外，也有獅子牙及爪，顯然犯罪集團已把目標擴大了。巫術在南非一直存在，為什麼二〇一五年前都沒有類似的盜獵案，是不是有人把錯都推在巫術上呢？我們認為非洲人無知，但以犀牛角、老虎骨、熊膽入藥，都已證明是無效了，不也是愚昧之極。

• • •

我相信神，也相信神跡，只是這世間騙子神棍更多。在現代城市生活，縱容自己的無知是種罪過，對於貧窮的村民，教育仍然是唯一的出路。還好去年南非的祖先傳統療法從業者協會作出改變，主席拉地（Sylvester Hlati）公開呼籲巫醫界聯手反盜獵。他說曾有盜獵者要求巫醫施法，讓法官睡著好讓審訊延期；巫醫也可調藥方讓盜獵者圍在頸或腰上，能讓野生動物把盜獵者視為同類，防止獅子和犀牛攻擊。為了保護動物，拉地帶頭要求會員，當收到盜獵者準備出動求醫時，馬上報警處理。「我告訴巫醫們，去盜獵的人十之八九會死，死後會化成鬼來索命；沒死但事敗的盜獵者也會來找你尋仇。」不管怎麼做都是死路一條，總之別幫助盜獵者。

他也希望巫醫別再和盜獵者串通，以取得動物殘肢作巫藥。「協會和非洲國家公園協會（South African National Parks，SANParks）有協議，可向克魯格國家公園取得自然死亡的動物肢體，巫醫來我們辦公室拿殘肢就好了。」

甘地（Mahatma Gandhi）的名言：「地球上提供的資源能滿足每個人的需要，不是每個人的貪婪。」不論求神或求醫，殘忍又不道德的方法，都不會有神願意保佑。

FKZ
672 N

SOUTHERN AFRICAN
ANIMALS
QUICK REFERENCE
SPOOR GUIDE
SPOORS
Unlimited
SOUTHERN AFRICAN ANIMALS
Kevin
Murray
Scatalog
Quick ID Guide to southern
African animal droppings

右上｜我們在保護區內巡視，掃除鐵絲陷阱外，也要清掃一大堆從上游流下的垃圾，總之會傷害到動物的就要消除。

右下｜在野外生活要了解動物出沒地，我有小道具，分別是介紹常見動物的腳印卡，和各式動物糞便的「屎書」。

上｜鐵絲陷阱易設成本低，對動物殺傷力大。

右｜高角羚是南非最常見的羚羊之一，也是掠食性動物的最佳食物。

上｜帥氣的大扭角條紋羚，只有雄性擁有霸氣的角；從角的扭轉次數，能推斷其年齡。

右｜克魯格國家公園中，長頸鹿小心翼翼地過馬路。

上｜前一晚在我們志工營發出吼聲的獅群，還破壞了志工放在室外的鞋子。
第二天巡邏時就遇到飽餐後的牠們在午休。

右｜千年的猢猻木（Baobab tree）在背後的龍山山脈（Drakensberg）映襯下，格外耀眼。

上｜飛奔的疣豬。

醜得美麗的禿鷹

一張非洲的照片，讓人對這種動物產生厭惡：一個瘦骨嶙峋的小女孩在茅屋外倒下，一隻禿鷹在後面正等待吃這將逝去的皮包骨[13]。在很多人心中，禿鷹都被認為是貪得無厭的掠奪者，等待動物死亡再吃下的死神侍者。這非洲標誌性的鳥類，長得並不是那麼標緻；要選最喜歡的非洲動物，幾乎可以肯定沒有人會選禿鷹。除了外貌禿頭、臉型像個乾癟的千歲老怪，禿鷹還是嗜血的食腐動物。我覺得大多數動物都很可愛，但禿鷹，的確較難用可愛來形容，說長得有個性也許比較貼切。但這非洲五醜之一的怪咖，也默默地面臨瀕危命運。

克雷格讓我跟拯救大象（Save the Elephants）組織的調查員，了解禿鷹調查。我們來到另一個保育區，這裡的樹明顯更為高大，能達十幾米高。我們仔細尋找禿鷹的巢，在乾旱季節，樹葉不多時，碩大的鷹巢比找犀牛算顯眼易見。像禿鷲（Cape Vulture, *Gyps coprotheres*）展翅時能達兩米六寬，可見牠們的巢能有多巨大。

禿鷹常在動物屍體旁圍著一圈，等老大像獅子或豹先享用大餐的場面，以為很容易可以看到嗎？才不，我們只零散地看到幾隻。南非有八種禿鷹，原來其中三種已達極危、兩種瀕危了，有專家估計在二〇二〇年就會完全絕種；這也是保育員要重視禿鷹的原因。

如果你去約翰尼斯堡的傳統巫術市場，或許會看到令人驚嚇的場面，攤販販售一條條連著頸項的乾禿鷹頭。據說把禿鷹腦加進香煙吸、或蒸它吸進水蒸氣，就能增強考試運、有千里眼的效用。禿鷹瀕危，又是巫術的錯？

巫術只是原因之一，很多時候當地農民會用農藥毒殺其他「問題」動物，像獅子、鬣狗、大象等。禿鷹吃過中毒的屍體後也不能倖免，然後別的食腐動物像鬣狗、胡狼再吃也會中毒。盜獵者也會畜

---

13 獲得普立茲獎（Pulitzer Prize）的《哭泣的蘇丹（The vulture and the little girl）》照片在南蘇丹拍攝，一九九三年刊登於美國《時代雜誌》，震撼人心；攝影師凱文・卡特（Kevin Carter）得獎三個月後，受盡抨擊憂鬱自殺，事後證實女孩是男孩，他當時沒成為禿鷹的午餐，在十四年後死於瘧疾。

意毒殺禿鷹；記得在我和妮安利監察犀牛時，就是看到禿鷹的活動而通報反盜獵小組。禿鷹往往是最先抵達盜獵案發現場的動物，可說是最稱職的保安人員。牠們是最嚴密的天眼系統，能在一公里外的高空，看到地面六公分小的肉。但這也是為什麼只需用一點毒肉，就能毒殺大量禿鷹。克魯格公園就曾在一天之內有一百一十隻禿鷹、兩隻獅子、兩隻胡狼因吃了摻了毒的大象屍體而死；五個月內就被毒死了兩百六十四隻禿鷹。有研究發現，從二〇〇四年，南非洲禿鷹數量就大跌七成，西非更減少了95%。

沒想到大貓瀕危，也影響到禿鷹。獅子、花豹、獵豹等數量減少，代表羚羊及其他小動物被自然捕殺的數量減少；少了屍體，食物鏈供應改變，禿鷹沒有足夠食物餵小禿鷹。科學家發現每年只生一顆蛋的禿鷲，孵出的寶寶因缺乏鈣質，導致骨頭發育不全，難以飛行，半數的寶寶都撐不過第一年。缺鈣正是因為缺少了獅子和鬣狗在吃獵物時啃碎骨頭，讓禿鷹沒辦法吸收肉以外的營養。所以說，保育大貓、鬃狗等掠食性動物，也會讓食物鏈中的其他動物受益。

• • •

我們看著一隻禿鷹飛進巢裡，因為我們走近又飛走，掉下一根長長的咖啡色羽毛。我跟著保育人員帶著尺，量度禿鷹築巢的樹，記錄位置、樹圍、樹高和健康狀況。因為城市開發、氣候暖化、雨量減少，也同樣影響禿鷹能棲息的大樹。沒有茁壯的大樹，牠們那麼大隻又重，怎可能把巢築在矮小的樹上。

很多人沒注意到，禿鷹和其他食腐動物，都是生命之輪中的關鍵物種。食物鏈中若沒有禿鷹，將可能為非洲及人類帶來災難性的影響。當動物因天然原因死亡後，大貓及其他掠食動物都不會把屍體吃得一乾二淨，等待天然腐化又是漫長的過程。期間若沒有禿鷹幫忙，屍體就會變成病毒的溫床，野狗和老鼠的數量也隨之大增。面對病死的動物，禿鷹的腸胃還能代謝和根除危險的病原體，防止疾病傳染，可以說是天然的環境清道夫，是其他動物無法取代的。像野狗、胡狼、老鼠等動物也食腐，卻會成為帶原者，再去民居時很容易把病原體傳給禽畜及人類。

沒有禿鷹，狂犬病、炭疽病和瘟疫都會蔓延。有研究發現，印度在一九九三至二〇〇六年期間，農民誤用牲畜使用的抗炎藥雙氯芬酸。這藥物對牛隻沒問題，但服藥的牲畜死後，屍體的藥物殘留，卻意外讓大量禿鷹死亡，導致狂犬病肆虐，五萬人因此病喪，令國家醫療開支達三百四十億美金。

這種狀況很有可能再次在人口稠密的地區，特別是西非重演。想想看當拍攝非洲草原畫面時，一隻獅子在享受獵物，旁邊卻沒有一群禿鷹在等待，背後的問題有多嚴重。可惜禿鷹雖名為鷹，卻因外貌、習性不似鷹或鷲受歡迎；但牠們也同樣稀有、同樣美麗。禿鷹的禿頭是自然設計、進化的精妙，能讓牠們伸進屍體把肉及內臟吃乾淨、而不會讓血液沾到羽毛，在受威脅時不用清理頭毛就能輕鬆飛走。

美麗的事物容易吸引人，可惜醜的就自然會被忽視、誤會、嫌棄。每種動物在自然裡都有其崗位，看著頭上另一隻飛過的禿鷹，我很高興離開南非前，有機會學習了解牠們。其實怪人，也能很美。

一有動物死亡，禿鷹就會大規模聚集，所以如果有人下毒，
很容易就造成大量禿鷹死亡。

右｜我跟著保育人員帶著尺，量度禿鷹築巢的樹。保育員彼德兩米高，可見這些樹有多高。

上｜禿鷹頭上沒毛，方便把頭伸進屍體進食後，不用清潔頭上的毛。

右｜非洲五醜之一的禿鸛。

上｜難得見識到一隻雄性白額蜂虎鳥（White-fronted bee-eater, *Merops bullockoiders*）含著昆蟲，帶來送給女伴求偶的場面。

右｜黑面長尾猴（Vervet monkey, *Chlorocebus pygerythrus*）雄性有粉藍色的生殖器；樣子雖可愛，但當受威脅時會咬人，也說明野生動物不適合當寵物。

上｜可愛的山羚（Klipspringer, *Oreotragus oreotragus*）回過頭。

大群的埃及雁（Egyptian goose, *Alopochen aegyptiaca*）在河邊休息。

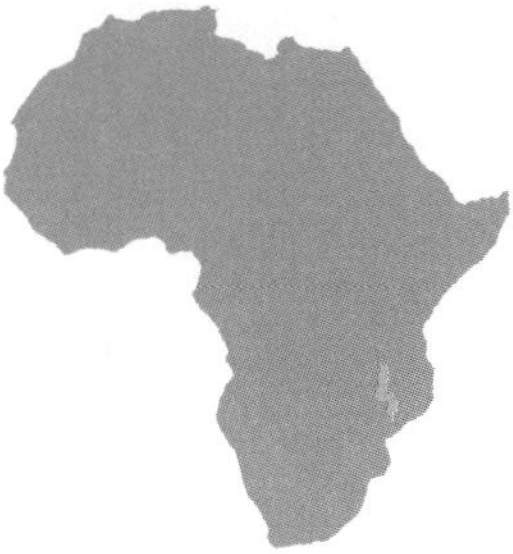

第三章
馬拉威
當保育面對極端貧窮

Republic of Malawi

從南非轉來馬拉威，我沒預期會見到怎樣的景象。畢竟她是個很冷門的非洲國家，應該沒太多亞洲人來此旅遊，甚至沒聽過這名字。她是被尚比亞、莫三比克和坦尚尼亞三國包圍的內陸國家；因為馬拉威北部緯度已經到坦尚尼亞了，從飛機往下看，我以為會從南非的乾旱變成一片森林景色；但放眼周遭，原本應該有氣候、地理環境成為農業大國的馬拉威，卻因為人為因素變成土黃色的大地。環境迫使下，她是世界最貧窮的十個國家之一，三分之二人口每天收入低於一美金；全國 11% 人口屬愛滋病毒（HIV）帶原者，人均壽命只有六十歲。

在這樣的極端貧窮下，保育有什麼意義？保育是奢侈還是必須的工作？這正是我來尋求的答案。

從高空看到，馬國雖然沒南非乾旱，但卻很少樹、很少綠意。

這就是我們的未來嗎？

從首都里朗威（Lilongwe）機場前往我做志工的動物中心路上，看到和南非截然不同的景象。想當然耳，南非是非洲最發達的國家，雖然貧窮人口也很多，但國家整體發展完善，首都發達有高樓、道路平整寬闊，顯然是國家富、人民窮，貧富懸殊大。這裡則是相反，無論在哪裡，都只有來回兩條官方的車道，熙來攘往的各種私人汽車、嘟嘟車、載客小客車、貨車、牛車、驢車、人全擠在一起，形成擁擠的六條車道。整個國家只有三個台灣大，在非洲算小國，跟幅員遼闊的南非和納米比亞相比，更宛如一顆豆子般，但人口卻有一千八百萬，是納國的七倍。不誇張，光在這趟車程中，我看到的人就比我在之前兩國五個月加起來還多。

我來這裡的 Lilongwe Wildlife Centre 動物中心做志工，它是馬國唯一的野生動物保育機構。但我並不只留在中心內準備動物的食物或清潔打掃，我也幫忙機構的辦公室處理文書，因此得到不少外出市區，以及和中心負責人詳談的機會。在說動物之前，不得不先談談馬國的人文和發展背景；像剝洋蔥般層層檢視，才有辦法說保育。

因為環境、動物和人類，從來都是互相牽涉的關係。

•••

剛開始來到里朗威，我有點不習慣，因為在之前兩國的野外生活久了，見動物比見人多，看星星比看車多，但這裡正好相反。首都的人口密度高，長著外國臉在街上走，馬國男人不會放過任何來搭訕推銷的機會，特別是工藝市場，他們還會為了搶客人差點大打出手；我們志工常笑說，如果能遇到沒有人跟我們推銷，就好比中樂透般好運呢。

不過我倒是挺喜歡作城市觀察，當地女人總會穿上色彩鮮豔的非洲布，在腰間圍成長裙。圖案有時候也有些莫名喜感，像是大學建築、英超球會、甚至總統肖像都能圍上身。當地人民風保守，女人露出膝蓋和肩膀是大忌，尤其守住膝蓋比肩膀更為重要。即使天氣很熱，當地女人都不能穿短褲、短裙，要不然會被視為不正經的女人。中心的本地員工菲芙（Faith）總是穿著長褲，熱到幾乎中暑，我問她要不要換穿短褲，她驚慌地說妳們是外國人所以不怕，但對馬國女性來說就是不行。我曾去當地服裝店想買短褲，在女裝部還真的一條都找不到，只有一整排的長布。

民風保守也與宗教信仰有關；在馬國八至九成人口信奉天主教及基督教，其他則信奉回教。才二十歲出頭的菲芙對外國人的思想很好奇，聽說我沒宗教信仰，很驚訝地問：「為什麼？怎麼可以呢？這世界一定有神呀！」這對他們是難以接受和想像的事情。經過村子裡可看到很多以神命名的小商店：主知道網咖、我們信主雜貨店，神是奇跡洗衣店……比我曾經去過，向來虔誠信主的拉丁美洲更誇張。宗教信仰有個好處，就是民心夠純樸。馬國有半數人口屬貧窮線以下，當中25％更屬極端貧窮；人雖窮但志不一定短，很多人總誤以為窮的地方就很危險。但馬國在非洲屬最安全的國家之一，有「非洲溫暖之心」之稱。當然，人在外地，晚上不單獨在街上閒晃、財不露白這些基本功，到哪裡都不能忘記。

這些又跟保育有什麼關係呢？

我在之前兩國度過了冬天，來到馬國算是春天，不過上午天氣就已開始悶熱。道路兩旁就是農田，婦女們穿著長及腳跟的布裙，忙著在看來乾旱的黃土農耕、或挖掘根莖類作物；怎麼看都覺得這泥土貧脊得不適合耕作。

即使如此，馬國仍有超過八成人口靠務農維生。在這裡待上一段時間後，會疑惑為什麼馬國位處亞熱帶氣候，卻好像沒看過森林、甚至連大樹也沒怎麼看到？這就是問題所在了。

• • •

動物中心提供的伙食只有素食，這和之前兩國幾乎是肉食的餐單相反。雖說是素食，但也很少蔬菜，以煮豆為主；別誤會，我不是在嫌膳食。只要去超市走一趟，就可發現除了紅腰豆、白豆、米豆等豆類以外，大部分的蔬菜以非洲物價來說一點也不便宜。既然八成人靠農業維生，那菜跑哪去了？實際上，農民種植的主要是菸草、棉花、玉米、豆等。蔬菜還是要靠進口，所以馬國的蔬菜價格不會便宜。

傳統來說，馬國農民是以最原始的方法開墾山林農地：刀耕火種（slash-and-burn），將樹木砍下，以火燒乾淨後再耕種幾年；土地的營養流失後，就換一個地方再重複。原本的土地可以休養生息，再長出新枝嫩芽，回復森林景致，這種方式在全世界的農村都很普遍。只是馬國人口增長實在太驚人，近三十年來，每年增長率約3.5%（比起英美每年約在0.5至1.5%），每二十五年人口就翻一倍，從八〇年代的六百多萬跳到二〇一〇年一千五百多萬。人口爆增下，當地人以「自由」為名，隨意開墾山林，重複種植單一作物也讓泥土愈趨貧瘠，根本無法種出什麼好收成。

「我覺得宗教是導致馬拉威過度開發的主嫌。」一位不願具名的保育相關人員，跟我說出這句具爭議和帶冒犯的評論。我覺得與其說是宗教的錯，還不如說是人類假借神之名義的錯；不少人把自然萬物都當成上天賜予人類的資源，因為人類是神按照自己的樣子創造的，是那麼「高尚」的萬物之靈。所以有樹就砍、有地就收歸、有動物就是自己的能殺能宰；扭曲的想法把天然資源都消耗殆盡。

馬國是非洲去森林化最嚴重國家之一，根據聯合國糧農組織（FAO）統計，馬國在一九九〇到二〇一〇年間就失去16.9%的森林，二十三種樹已達瀕危。最大的問題源於當地人沒有保護生態的意識，每次開車沿途都會看到令人驚訝的場面：無論市區或郊外村莊，到處都是一片藍色的塑膠袋海、保麗龍及各種垃圾。那不是垃圾場，但隨意棄置的垃圾根本和垃圾場無異，熱風一來，傳來陣陣難聞的氣味。很可惜，當地人並不懂得珍惜自己的環境和資源，有垃圾就隨便丟。問題不是冰山一角，而是全國都持續發生的現象。

街上的攤販賣著仍青澀未熟的芒果（不是青芒果品種）；當地人因為貧窮，急於糊口無法等待，所以有果就賣，惡性循環下果實長得愈來愈少。他們需要燒柴生火，於是就直接砍樹木，順便開闢農地，見到什麼野生動物，捉來能吃就吃。如此一來，樹林沒有了，動物失去棲息地，野生動物要不走到農村找食物，造成人和動物的衝突，要不就被殺被吃，要不就離開了；沒有昆蟲和動物讓疾病更容易傳播，也缺少了可播種、散播花粉的媒介。他們也會想辦法做些什麼來變賣，所以在路上會看到一堆人在挖泥做磚、敲打石頭；開窯燒磚又需要更多木柴。沒有樹木也讓天氣更熱，水蒸發得更快，旱季時情況更糟，造成土地沙漠化。

這幾年氣候異常，讓馬國旱季後又接著不時發生水災；本來應該撐得過的雨季，卻因缺少樹木根部抓緊泥土，引發成舉國損失慘重的大水災，百萬計的人受到影響。大量山泥傾瀉，直接流入馬國最重要的天然資源馬拉威湖。巨量山泥湧進，導致湖中魚類死亡；加上當地人濫捕魚類，甚至用蚊帳這種細網打撈，連魚苗也不放過，研究發現湖中的魚數量在二十年內減少了九成。水土流失下，泥土貧瘠更加不堪；種來種去只有木薯、玉米這類耐旱作物。當地人會將其磨成粉，加水製作成糊狀主食 Nsima。長久吃單一食物只能填飽飢餓感，卻會營養攝取不足、造成肚子腫脹。我在動物中心常處理靈長類動物要吃的玉米，一大根葉子打開，玉米粒稀少乾瘦，很明顯連農作物都發育不良。

窮、毀林、濫捕動物、疾病傳播、山泥傾瀉、土地貧瘠、營養不良……馬國的困境，正是人類過度開發自然，而招致難以逆轉的自然災害，讓當地人陷入貧窮循環的殘酷案例。

•••

我坐著本來十二人座但卻擠了二十六個人的小客車，經過三小時車程，來到和動物中心合作的酷提野生動物保護區（Kuti Nature Reserve），幫忙斑馬（*plains zebra*, *Equus quagga*）保育研究工作。這裡位於馬國中部，接近馬拉威湖，佔地約兩百平方公里（略小於台北市），卻和我看過的馬國大相逕庭。保護區外是沙塵滾滾、草木罕見的村莊，保護區內難得的可看到大片大片的樹林。黃葉、綠葉，高壯的樹木圍繞，熾熱的陽光灑下，被微風帶來的沙沙聲懷抱，那是多麼美、多麼舒服。

我們每天都要步行二十公里，尋找斑馬群，接近牠們，再拍下左右兩側及臀部的照片；斑馬看起來都很相似的黑白灰條紋，其實每隻都有獨特的條紋排列，研究員就可對比評估區內的斑馬數量。保護區內沒有掠食性動物，實際上馬國的野生動物數量並不多。如果跟南非、肯亞相比，根本是汗毛程度，像是整個酷堤保護區只有一隻長頸鹿。馬國有南非的克魯格國家公園六倍大，但國內的五個國家公園只有約四十隻獅子（克魯格就有一千六百隻）；保育機構非洲公園（African Parks）二〇一七年才把超過五百隻大象移居到馬國生活，在此之前，因為缺乏棲息地及盜獵影響，大象幾乎已從馬國絕跡。對比其他非洲南部國家，馬國想靠野生動物賺旅遊財，單靠馬拉威湖的風光，吸引力還是不夠。雖然大部分保育員都不想倚靠旅遊作為支撐保育的理由，但不能否認，旅遊是能有效幫助當地人脫貧的方法之一。

即使酷堤的動物數量不多，但我還是很喜歡在保護區的生活，感覺又回到大自然的懷抱。有樹，有動物真好！

一天我們在區內走動、尋找斑馬時，發現竟然有三個人在砍樹！這裡雖是保護區，但附近村民也會偷偷潛入砍樹。我們一副普通遊客、若無其事的模樣走開至安全距離後，馬上通知保安隊來處理。每次在野外要聯絡保安隊，最困難的就是說明所在位置；折騰了好一陣子，保安人員才去盤查，後續就是他們的工作了。

這種事情並不罕見，在香港也有「斬樹黨」，專門偷砍沉香樹，運回中國販賣，讓香港的沉香樹徘徊在滅絕邊緣。百年的樹木，默默經歷人世的幾個世代，不能跑、不會叫，最後變成枯木；這樣的事情在非洲也常發生。

二〇一六年，馬國政府透過衛星圖片發現，不法分子運用價值五十萬美金的專業器材，在接壤莫三比克邊境的倫圭國家公園（Lengwe National Park），非法砍伐了兩百平方公里的林木，足足有兩千四百四十個足球場大，受害的是一百萬棵高質的可樂豆樹（Mopane）！樹木被斬，影響了這區的集水，無數動物失去棲息地。這起案件逮捕了三十七人，當中還包括兩名中國人。不意外，很多木材也都被轉運到外地，非法伐木也是保育中重要卻又沉默的一環；每次這些案件都讓我這亞洲人感到羞愧。類似的情況在中非、西非尤其嚴重，像在剛果，大量的血檀木因中國的需求被砍；除了破壞該國生態，還以低價支付薪水、賤買木材，嚴重剝削當地勞工。根據 FAO 調查，非法伐木的利益，是支撐西非國家獅子山十幾年內戰期間的重要經濟來源；現在西非只剩下 22.8% 的森林了。

這起非法砍伐案件中，部分被告仗著有背景而繼續上訴，不過最後敗訴，刑期也被加倍至最高三十六個月。法治和公義被彰顯很重要，但生態環境已毀，動物和人都受害，要多少年才能修復？

• • •

回到我來的動物中心，這裡本身就是一個保護區，動物住的圍欄區長滿大片林木之外，中心也守護了一片小森林，是灰塵四飛的里朗威中，難得的後花園。動物中心對外開放，讓遊客和當地人都有機會了解和看到難得的野生動物，每年招待上萬名本地學生參觀。很多當地人都是透過中心，才第一次見到那麼多動物，才知道牠們有多珍貴。中心負責人凱特（Kate）說，在她收到的學生感想中，最讓她印象深刻的，是一位學生說最喜歡中心內的樹林，長得又高又大，讓他首次感受到樹的溫柔和強壯的生命力。能夠讓新生代學會欣賞自然之美，是多難能可貴的改變呀。

馬國的過度闢林開發耕地，顯示農耕和素食並不一定能幫助環境、拯救動物。像南非和納國以畜牧業為主，部分土地和氣候不適合農耕，反而牧牛還近乎於有機放養。工業化的農業生產法，抽取地下水種植，硬要運輸大量蔬菜及接著產生的碳排放，都不環保，更傷害到大量動物；像全球對棕櫚油的需求，就是導致印尼紅毛猩猩（*Orangutan, Pongo abelii / Pongo pygmaeus / Tapanuli orangutan*）瀕危的元兇。最理想的方法，還是適度利用本身的地理優勢，每個國家都能保持土地永續有機種植、飼養牲畜，而不只是顧著發展，只從事工業和第三級產業；增加吃在地有機食材，才最不傷害環境。

馬國是最貧窮、發展最落後的國家之一，但就恰巧展現出人類無止境過度剝削、消耗自然資源的極致後果。當有一天，發達的國家發展至盡，地球的資源耗盡，不也是這樣的景況嗎？世界最窮困國家前二十名幾乎都在非洲，馬國的故事其實也就是非洲的故事；貧窮和天然資源消耗的惡性循環，再加上外國列強一直覬覦非洲的資源而爭相送金，美其名是經濟援助，實際上輸入自己國家的員工開發資源，可惜當地人不見得有增加工作機會而因此脫貧。我常想，如果人類再不改變，像馬拉威這樣的國家，不正是殘酷地揭露著人類終將引來的未來嗎？

右｜這不是垃圾場，但當地人在路邊隨意棄置垃圾，把環境弄得跟垃圾場無異。

上｜隨便砍樹是違法的，但當地人缺電和煤、油、天然氣，煮食仍以燒柴為主。

右｜市集的繽紛色彩以番茄為主，其次的農產品有米、木薯等。

上｜當地女性穿上色彩鮮豔的非洲布長裙，很好看。

WHITE RHINO
CHIPEMBELE
HYENA
FISI
BUFFALO
NJATI
DUIKER
GWAPE
ZEBRA
MBIDZI
FLAMINGO
MTIWATIWA

右上｜除了照顧動物，我們也幫忙做標示。

右下｜在標示上寫英文和齊切瓦語的動物名字，讓當地人也能認識動物。

上｜在保護區拍攝斑馬做記錄和條紋比對，斑馬算脾氣平和，區內也沒掠食性動物威脅，所以我們能走到很近工作。

保育從煮飯開始

馬國至少有一千兩百萬人每日收入低於一美金，動物保育在這樣的國家，有迫切的必要性嗎？為什麼不把錢直接給到人民手上。授人以魚不如授人以漁，是大多數非政府組織的立場。馬國的環境和生態問題，直接影響著幾代人的未來，不改變現況，給錢也沒有用。何況當地也有很多國際組織從事人道工作，但動物中心卻是馬國唯一的野生動物機構；志工人數會受旅遊季節影響，人手常波動；所以健康營運的動物中心，一定要有足夠的本地員工，以確保志工不足時動物也不會受影響。中心規模大，本地員工很多，包括照護員、水電、園丁、導覽員、社區工作、突發事故、清潔、廚師……將近四十個長期職位，直接提供愛自然的誘因。我在中心也不只幫助動物，還有很多社區工作。要宣揚保育訊息，不一定只有硬梆梆的呼籲。

每星期我都會跟中心的社區服務組到首都一區，為婦女上免費英文課。雖然英文是馬國官方語言，但全國近六成人口說齊切瓦語（Chichewa），其他地區還有好幾種語言、方言；說英文的主要是在首都工作的人或旅遊業者。官方數據指稱婦女識字率約近六成，但實際上仍偏低。我去到社區教學，不過是幫忙講講英文單字，解釋的工作就要留給社區服務組的成員。

這些地區媽媽對學習的熱忱，讓我印象深刻。所謂的教室只是區內一個小角落，簡單用簾子隔開、鋪了草蓆就是。第一次進去，一班媽媽還帶著嬰兒、小孩，席地而坐等著上課。我在非洲參與過好幾次小朋友教學，教大人還是第一次；從抄寫白板上的字就能知道，她們大多都是從零開始，連齊切瓦語都不會寫（齊切瓦語也是以英文字母拼成發音）。雖然寫得很慢，但很用心努力地抄寫、嘗試發音。這英文課教的不光是英文，還有當地語、簡單數學、思考力等等。服務組的喬安娜（Joana）說，這些媽媽上完一年課程後，至少在區內做買賣已會算錢、找錢，不會被騙。已經畢業的學員，也熱心地教新學員功課。另一位組員甚至告訴我，有位媽媽的丈夫以前常指使她幫忙寄信，她會認字後才知道那是寫給情婦的信；丈夫深知不妙，老婆不再無知，也不敢再跟外遇對象聯絡。沒想到，英文課還能馭夫！

•••

動物中心內有水有電，即使常停電，即使自來水呈鐵鏽色，把指甲都染成了橘色，但比起外面的世界已是天堂。超過七成的馬國家庭仍沒水沒電，要燒柴生火。我在南非的志工營生活時，晚上也燒柴，柴枝來自被大象推倒、掉下的樹幹，我們每幾天就要在保護區收集。以馬國一千八百萬人口，每個家庭每天要煮飯，最直接的取得方法就是去砍樹；據知每個家庭一星期至少要消耗掉三十公斤的木材。對他們來說，樹砍了還能做家具、地清空了還能耕種，並沒有土地擁有權屬於政府的概念。

在每一個村莊、市集都能看到，一包包的木炭就放在路邊販賣，這是不少非洲國家常見的情景。雖然馬國政府已訂下法令，沒有執照不論製炭或賣炭都屬違法，但卻有法不執，也沒有人在管。製造一包炭要用掉大量木材，世界銀行集團（World Bank Group，WBG）就曾估計，馬國的炭需求量足足是該國林地的兩倍，也就是說，再怎麼伐林也永遠無法滿足需求。

我在前往馬拉威湖的路上，經過不少窮鄉僻壤，九成的貧窮人口都住在鄉村；村民沒有工作，農地失收，脫貧的機會渺茫。對百萬計的農村居民來說，販賣木柴和木炭，幾乎是唯一收入。一棵樹斬下切成枝幹，頂多只能賣二十美金，這筆錢還要八個家庭攤分；路上一包三到四根的木柴也只值三毛美金不到。

前面也提過，不少人在路邊直接用鎚頭敲打石頭、挖泥。工人把黏土放進模板中定型再曬乾，然後放在窯中燒；每年十到十一月是燒磚高峰期，大量樹木被砍來燒。馬國大部分房子都用泥磚建成，建一間小平房，就要用掉等同於三棵大樹的木柴數量。這兩年，在馬國南部，非法毀林的比例開始下降，但這消息並不令人振奮，因為該區有八成的森林已被砍伐，已沒剩下多少樹了。

再窮總要生火煮飯吃，國家無法一時半刻就變出瓦斯天然氣管線供應全國，瓦斯桶也不是人人負擔得了。動物中心因此有個很有意思的社區計畫：利用廢紙做成紙磚代替木柴。我在納國的動物中心也有做過，老實說，並不討喜，也當然沒有跟狒狒寶寶玩來得有趣。我們整天坐在水盤前，把泡了好幾天水的紙箱、廢紙用手撕成碎片，那水臭又冷，重複性的工作也挺無聊，很多志工都抱怨連連。我不能說這是樂趣，但卻很有意思；很多人都忘記，要愛護動物，日常就要從愛護環境、選擇對動物和環境友善的生活方式做起，而不只是抱抱動物拍張照片就叫愛。我們既然需要每天生火取暖，自己的燃料自己做也很應該。

動物中心的社區服務組每星期都會到社區幫當地婦女做紙磚，中心和當地國際企業合作，把碎紙機碎掉的文件都送來，我們再加些做木家具剩餘的木屑混合；當地婦女用大木臼和棍子，把兩者打碎成糊，我們再手工把混合物放進模具中，以簡單的手動油壓壓縮機製成紙磚，風乾個兩天左右就能使用。

城市才會有那麼多廢紙，在農村要怎麼做呢？我在酷堤時也有動手做，在這裡改用枯葉、紙箱和木屑混合。用來泡枯葉和紙箱的儲水池是地上的兩個大洞，我們直接趴在地上彎下身撈，水池深到幾乎整個身體都要跌進去了。水池裡有很多小蟲、蜘蛛、還救了隻青蛙上來。在這裡沒有當地婦女幫忙，我們用大木臼和棍子把材料打碎；原來她們看起來輕鬆應付的事情，做起來這麼累，那有一個人高的棍子好重呢。這裡沒壓縮機，我們就用以木板、塑膠水管改裝的模具和壓板來做紙磚。雖然不是多好玩，又是有些辛苦的工作，但既然要推廣給當地人用來代替燒柴，我們當然也該親手體驗。中心想把做紙磚的技術多多推廣，但需要大量經費才能購買壓縮機。

中心也在一些學校推廣製造紙磚，學生在校外活動做完後，把成品帶回家給媽媽試用。地方婦女做好的紙磚也能拿去小商店賣，創造小生意。有研究顯示，五至六人家庭煮一頓飯（當地婦女生育率平均達五點五個），燒紙磚比燃燒柴和木炭便宜，所釋放的煙也較少，對人也較健康。

在中心協助之下，現在每星期能生產一千塊紙磚，不少企業會批發購買，外商公司員工都會買回家使用。特別在雨季柴炭供應最短缺時，本地人也會來採購。但要把紙磚普及，仍需要更多壓縮機和增加銷售點。

民生為本，開伙是每個家庭最基本的一環。做動物保育，並不只是做和動物相關的事。也應想辦法減少危害環境，以可持續的方法使用資源，保護整個生態環境，同時也為社區帶來好的改變。馬國政府也開始派軍隊保護森林，防範不論來自國內或國外的非法砍伐。發展中國家覺得發展很重要，必須犧牲自然和野生動物，但終究會發現要改寫非洲的命運，得要先愛自然，自己也才能受益。

右｜為婦女上免費英文課，使用的教室是區內一個小角落。

上｜我到當地學校協助保育教育教學，當地學生熱情瘋狂，很喜歡摸我的頭髮和皮膚。

右上｜在馬國沒執照製炭和賣炭都屬違法，但仍到處可見一包包的木炭放在路邊販賣。

右下｜把紙磚放好曬乾。

上｜當地婦女一起動手做紙磚，把紙和木屑用大木臼和棍子磨碎，混成糊狀。

關於愛的距離

動物中心是喧鬧的馬國首都難得的清靜地，我喜歡在這裡散步，周遭有大片樹林；中心的各種猴子、狒狒、羚羊等動物住客的柵欄內，也有天然的樹和土地，空間很寬廣，對動物來說是很理想的生活環境。大群的野生黑面長尾猴最喜歡到處蹓躂，大膽地跳進柵欄中，偷拿住客狒狒及其他黑面長尾猴的食物。十月到二月是這類猴子的繁殖期，也是最多猴子不幸成為孤兒的時節。

野生動物寶寶肯定最討人喜歡，動物行為學家勞倫茲（Konrad Lorenz）解釋，可愛，其特色包括小小的身軀有著不成比例的大頭和五官；人們會對可愛的事物格外著迷，屬生物演化的成果；可愛的特質能引發成人的養育之心，確保幼童能受到妥善的照顧。可愛，讓很多野生動物被寵物販子捉走，讓自以為有愛心、實際上是拆散動物原生家庭的人類飼養，滿足他們把照片貼在社交平台討讚的虛榮心。

我有時候會幫中心拍攝動物的官方照片，今天的拍攝對象是靛青（Indigo），牠是一隻一歲左右的藍長尾猴（Blue Monkey, *Cercopithecus mitis*）。一年前發現有人偷偷飼養牠，充公後被帶到中心。保育經理艾瑪（Alma）說靛青剛來時不停地哭和尖叫，每隔兩小時就要餵奶。經過長期照顧，並讓牠在較小的籠區和其他小猴互動後，害羞的靛青終於要移居到成猴區，和新同伴們共同生活了。生性害羞的牠花了一星期，才慢慢從小籠子跳出開放式的成猴區。雖說猴子長得都很像，但牠很好認，特別小隻又長得像小公主般可愛。我默默地觀察牠，從誠惶誠恐地拿東西吃，到別的猴子也拿東西請牠吃，我肯定牠在人界跟猴界的標準來看都是大美女！忽然，牠注意到我，馬上跳向我，露出一雙大大的無辜眼睛，天呀！太可愛了！但不行，別看我，走開！我不會跟你說話的！

每天早上和傍晚，我都要換上整套的工作服、口罩、帽子；帶著水和蔬菜去餵羚羊。兩隻藪羚（Bushbuck, *Tragelaphus sylvaticus*）中，雌的會較好奇走過來看看我，但不會靠太近。到了灰麂羚（Duiker, *Sylvicapra grimmia*）區，從我在圍欄外，小灰（Little Grey）就一直跟著我跑，發出嗶嗶的叫聲招呼我。進去籠子裡換水、放食物時，牠跑過來想討摸，更不斷跳到我背上要玩。又是大大的無辜眼睛！不要！別看我，走開！我不會跟你說我有多喜歡你的！

沒錯，在這裡我們要學習，拒絕與動物朋友們的互動，拒絕讓自己的私心，成為動物野放之路的阻礙。

這裡和其他中心不同，對動物採取嚴格的不干預政策。馬國人口實在太多，很容易造成和野生動物的衝突。非洲也有很多不好的動物保育機構，為了吸引志工而不斷繁殖動物寶寶，讓遊客拍照作為招徠（於附錄再詳述）。我服務的這家中心為了增加野放的成功率，避免動物因習慣人類、導致野放後還跑近人類討食物而被獵殺，員工和志工與動物的接觸都要減少到最低。我們不能在有動物時進入牠們的圍欄清潔、不能跟牠們聊天互動、甚至連眼神接觸都不能；進入籠子或圍欄餵食時要穿整套的工作服，讓動物認不出人，避免對固定的照護者產生依賴情感。我做過多家動物機構的志工，是首次在採取此措施的中心服務。對於能野放的動物要保持野性，不打擾當然最好。但對於無法野放的動物，是不是也要採取這種方式？特別是單獨生活的動物，這不會讓牠感覺孤單、沒有同伴嗎？我又覺得好像有點殘忍，但我會尊重和遵守中心的做法。就像是育嬰、教育一樣，每家團體、每個人都有不同的想法；對動物好、能儘快讓牠們重返自然才最重要。愛，有時候的確需要保持距離。

•••

對動物的愛，一直是科學家、保育員和愛護動物人士之間的一場良心、道德和理智的角力。這又回到在納國曾經和別國志工的討論，關於什麼動物應該救的問題。如果今天你有一筆錢能捐助給動物保育機構，你會選擇捐給專門協助保育野生獅子的機構，還是捐給專門照顧曾受馬戲團虐待、現已被救出的獅子中心呢？

這裡談論的，一個是動物保育，一個是動物福利的取捨。這問題的著眼點是整個物種 V.S. 個別動物，前者關注保護自然過程、數量和生態系統的完整性和連續性，著重在選擇對生物多樣性至關重要的物種；後者強調個體的生活質量，重視個別動物的所有感覺。選擇捐給保育野生獅子，你讓野外的獅子有機會繁殖、增加數量；選擇捐給照顧中心的獅子，你讓獅子能安享晚年，卻無助於增加整體野外的獅子數量。

對不起，這問題我沒有答案，但讓我先介紹兩位獅子朋友。辛巴（Simba）和貝拉（Bella），是動物中心的兩隻明星；很多馬國人會特地來中心參加導覽，以一睹真正的獅子王。經過二〇一七年再引進別國的獅子野放在國家公園後，整個馬國也仍只有約四十隻獅子；很多人一輩子都沒看過這非洲最有代表性的動物。但從幾個月前開始，兩隻獅子已不再見客了。中心不是動物園，如果動物要野放或生病，就不會給民眾觀賞。

辛巴和貝拉都有坎坷的前半生：二〇〇九年貝拉從羅馬尼亞的動物園被救出來，她沒有獲得充足的營養、生活在一個小小的水泥地籠子。她來到中心前，後肢就已因營養不良呈O型彎曲，眼睛有問題要移除一顆眼球。她來到中心後仍然孤獨地過了幾年，直到二〇一四年，辛巴從法國的馴獸師手上被救出並送到馬國。辛巴在法國只能生活在小小的車廂籠子，沒有足夠的活動空間，臀部變形，身體內也有千瘡百孔的問題。兩隻獅子最終在中心展開了相親相愛的新生活，每天都形影不離。雖然沒辦法野放，但中心的環境很天然、活動空間大，牠們終能過著美好的生活。

現實沒有永遠的快快樂樂；我來到中心時，兩隻獅子已不見客一段時間了。牠們邁入晚年，身體衰弱讓各種病情加重了。餵食工作由本地員工專門負責，我們並不會直接參與；志工要做的是輪班仔細觀察，詳細記錄牠們的身體反應，像嘴和鼻有沒有分泌物、有沒有張嘴呼吸（代表鼻腔或心理緊張問題）、氣喘、打噴嚏次數、打哈欠次數（重複打假哈欠也反映緊張問題），兩獅互動反應，步行的距離、次數，吃東西的反應和分量……總之任何反應都要記下。因為牠們對進食已非常消極，獸醫能用的藥也用到可接受的最高劑量，大家能做的是考慮後事的安排，以及是否提早讓牠們舒服地離開。

我常常拿張椅子在圍欄外坐下，一坐好幾個小時，太陽很猛又沒遮掩，但能觀察牠們也是樂事。早上通常最閒，兩隻萬獸之王都在睡覺，頂多是隨著太陽曬而移到樹影下；辛巴最喜歡睡到翻過身、四腳朝天，作夢還會抖腳，慵懶可愛的樣子和家裡的貓星人無異！貝拉睡得比較像淑女，半夢半醒中，常用那一隻眼瞄我。每當她換位置，辛巴總會緊緊跟隨，鶼鰈情深大概就是這樣子了。所以在考慮安樂死時，必定會讓兩隻一起離開；剩下任何一隻都是折磨。

但每到餵食時間，都是心痛的掙扎。正常來說，動物應該對食物很興奮，可每次牠們都反應消極，那麼大的動物，進食量卻很少；有時候獸醫或保育經理要把肉切小塊用棍子遞到牠們眼前才肯吃，每吃幾口牠們都要深呼吸。在保育員眼裡，牠們在過度痛苦下已不能維持生活品質，要盡快下決定了。

黃昏時，辛巴愛在圍欄旁走動，牠有一身渾厚的鬃毛，長到蓋住上半身，前咖啡後黑，那在獅子界是俊男代表，母獅最喜歡有黑鬃毛的雄獅了。我總看著牠們看到出神，辛巴好帥、貝拉好美呀。辛巴愛呈直線走向圍欄，眼睛直盯著人看，明知道隔著鐵絲網，那威嚴還是會讓我不住後退。牠的眼神清晰凌厲，直視我的眼睛，像能穿透身體看清靈魂般，堅定而不具惡意。但牠們的後肢變形，走路很緩慢，身體也很瘦，就像老人家不能再吸收營養，瘦削的模樣，看得令人心痛。每天早上和傍晚，辛巴總會來幾下獅吼功，貝拉就跟著回應，照護員耶西亞（Yesaya）笑說牠們要召告天下：我是森林的王者。近距離正面看獅吼，那震撼隨著空氣粒子的震動直打進心臟。但吼沒幾下，辛巴明顯喘氣，氣不夠了。

對中心的其他動物，我絕不談話，但每天我都忍不住跟辛巴和貝拉打氣。最後一天，我離開動物中心時，最捨不得就是牠們了；我忍不住眼淚，因為我知道，下次再見面時，我們都不會再在這個世界了。幾天後，在生而自由基金會和中心評估後，牠們永遠地睡著了。

•••

所有的貓科動物在寶寶階段總是那麼可愛，但不是所有貓都適合做寵物，像藪貓（Serval, *Leptailurus serval*）需要很大的空間，又愛獨處、不愛跟人生活，卻一直被不法分子捉來，販售給國外自以為愛心滿滿的人當寵物；在美國一半的州不需執照就能養藪貓，有的寵物販子甚至把藪貓和家貓配種，誕生熱帶草原貓（Savannah Cat）新品種。人類在社會化的歷史中，已馴化了足夠的物種作寵物，也培養夠多品種了。要知道，很多動物不適合當寵物，也不是你養牠就代表很有愛心。飼養野生動物，只代表你縱容和鼓勵不法分子把年幼的動物，從天然環境和媽媽懷抱搶走。

中心裡的兩隻藪貓楚理（Chorley）和馬妮拉（Malila）都是非法野生動物買賣的受害者，分別在一個月大時被抓走販賣、或以不當方式飼養。馬妮拉後腿異常，走路一拐一拐的；楚理有白內障，都不可能野放，會在中心永遠住下。在馬國，藪貓也因毛皮太美而被獵殺。這種貓是獨行俠，除了繁殖季節，一般很少會群居。但既然兩隻剛好是一公一母，就讓牠們彼此作伴吧（但有避孕）。牠們在我來到不久前才住在一起，還需培養感情，我們要負責記錄牠們的相處互動情況。牠們是夜貓子，我們只能把握天剛亮的清晨和傍晚，在微光時觀察，天一亮牠們就躲起來睡覺。

剛開始觀察，往往會找不到牠們，因為牠們的斑點在樹林中是絕佳保護色。還好有志工告訴我兩隻各自愛躲藏的位置，我才能做記錄。母貓馬妮拉的後肢特別變型，顏色較黃，最愛躲在草叢堆，偶爾瞪著人低吼；雄貓楚理愛散步又愛躲在小木屋裡，假裝看不到人，身體顏色較橘，兩隻都漂亮得讓我眼睛離不開。牠們的顏色差異，是源於原居地的生態環境差異，要讓身體容易隱匿於藏身地。但只要注意找晃動的黑白色耳朵，就能找到貓。原來藪貓耳朵的紋路是模仿眼睛或蝴蝶，吸引獵物好奇而走近，以便於獵食，大自然真是聰明的設計師！

馬妮拉是個性急又主動的女生，總愛突然發狠追著楚理，故意去逗弄他，楚理遠遠就躲開。有時候野生黑面長尾猴會從樹上跳進圍欄內，楚理懶得理，倒頭繼續睡，個性衝的馬妮拉會追著猴子跑，但調皮搗蛋的猴子跳到樹上；本來藪貓能跳到三米高，又是爬樹能手，但這兩隻都因身體條件爬不了。馬妮拉氣急敗壞地在樹幹抓兩下，爬不上去只好作罷。猴子竟在她頭頂搖晃樹枝，故意挑釁，惹她生氣。我看得好笑，但猴子呀，你們去欺負貓也太壞了。

幾個星期以來，兩隻冤家都打打鬧鬧的，終於有一天，最期待的畫面出現了。兩隻貓先來一輪輕輕打鬥，然後互相以舌頭清潔，最後還睡在一起。這是前所未有的事情，愛情終於來到兩隻貓之間！馬妮拉仍舊愛去鬧、去打楚理，他多數會忍讓，但偶爾過頭了，也會反撲倒女方，或是生氣跑掉後，又不得不跑回去哄她。做動物觀察也好比看偶像劇般，是部讓我感動的愛情故事呢。

•••

有沒有發現，當你知道一隻動物的名字後，你就更覺得牠是你的朋友？牠不再是該物種中的一隻，而是那物種中的那一隻，就像小王子說的「也許世界上也有五千朵和你一模一樣的花，但只有你是我獨一無二的玫瑰」。名字的力量，把大家的距離拉近了。有動物保育學者批評，社會大眾對一些明星動物極為關注，但對整個物種的捐助卻少得可憐。

我在中心時要專門負責照顧一隻受傷的綠點森鳩（Emerald Spotted Wood Dove, *Turtur chalcospilos*），雖然鳥小又不瀕危，但每天都會盡心的把食物切細，怕蟲的我還要去捉蚱蜢餵鳥。兩側帶金屬綠圓點的牠愈吃愈圓，看著牠飛得愈來愈好，心裡也感到很滿足。我臨走前，艾瑪請一位加拿大女生接手，她平常都搶著餵各種動物，也負責貓頭鷹的餵食。結果她拒絕，聲稱自己手指有傷，不能拿刀，但轉頭又搶著要餵其他貓頭鷹；要知道餵貓頭鷹，每天都要切很多肉。她自己也直說：「我才不要餵什麼蠢鴿子！」我笑笑說，真正喜歡動物的人，就不應該只選酷的、帥的動物；她只能語塞後又嘀咕著找藉口搪塞推托。

辛巴和貝拉讓很多人有機會明白，劣質動物園和馬戲團的殘酷，圈養野生動物所造成的傷害，和拯救受害動物的重要性。中心的其他動物，也揭露了把野生動物當寵物的影響。人在愛動物時，是需要懂得保持恰當的距離。

被救回的動物在健康情況許可下，終究也有野放的機會。像藍長尾猴靛青，牠會和族群生活，組成關係牢固的家庭後，再移送到較少遊人能看到的圍欄區生活，預期兩到三年就有機會野放。照顧好動物福利，其實是動物保育的第一步，兩者不一定在對立面。

近幾年，動保界提出了慈悲的保育（Compassionate Conservation），意思是不再只抽離的以物種整體著眼，不只以數據考量，以慈悲的心來做動物保育的基礎；把可靠的科學和情感結合，不以保育為藉口傷害動物，像支持打獵、以動物做教育或科學研究等。

該捐助保育野生獅子，還是捐給照顧受虐獅子的中心呢？沒有一個選擇會讓你贏得「比較好」的徽章。因為無論你怎麼做，你選擇了符合動物利益的機構，選擇多走一步去捐助，都是一個善心無害的選擇，確確實實地幫助了某些生命。

愛要保持距離，但距離的保持方式要從行動開始。

靛青小公主的模樣，讓人跟猴都喜歡牠。

右｜辛巴的目光總散發著獅王的威嚴。

上｜只有一隻眼睛的貝拉還是很可愛。

右｜藪貓馬妮拉總是一臉兇狠相瞪人。

上｜兩隻藪貓從互不理會到成為伴侶，馬妮拉總是脾氣較差，但太過火時楚理就會反擊。

右上｜每天我們都和當地員工一起在廚房切水果、蔬菜、肉類，分發給不同動物。

右下｜超級黏人的灰麂羚小灰總是以可愛臉來討摸，但我們只能狠心不理，以免影響日後野放。

上｜東非狒狒（Olive baboon, *Papio anubis*）並不是馬國的原生狒狒，所以不能在馬國野放。

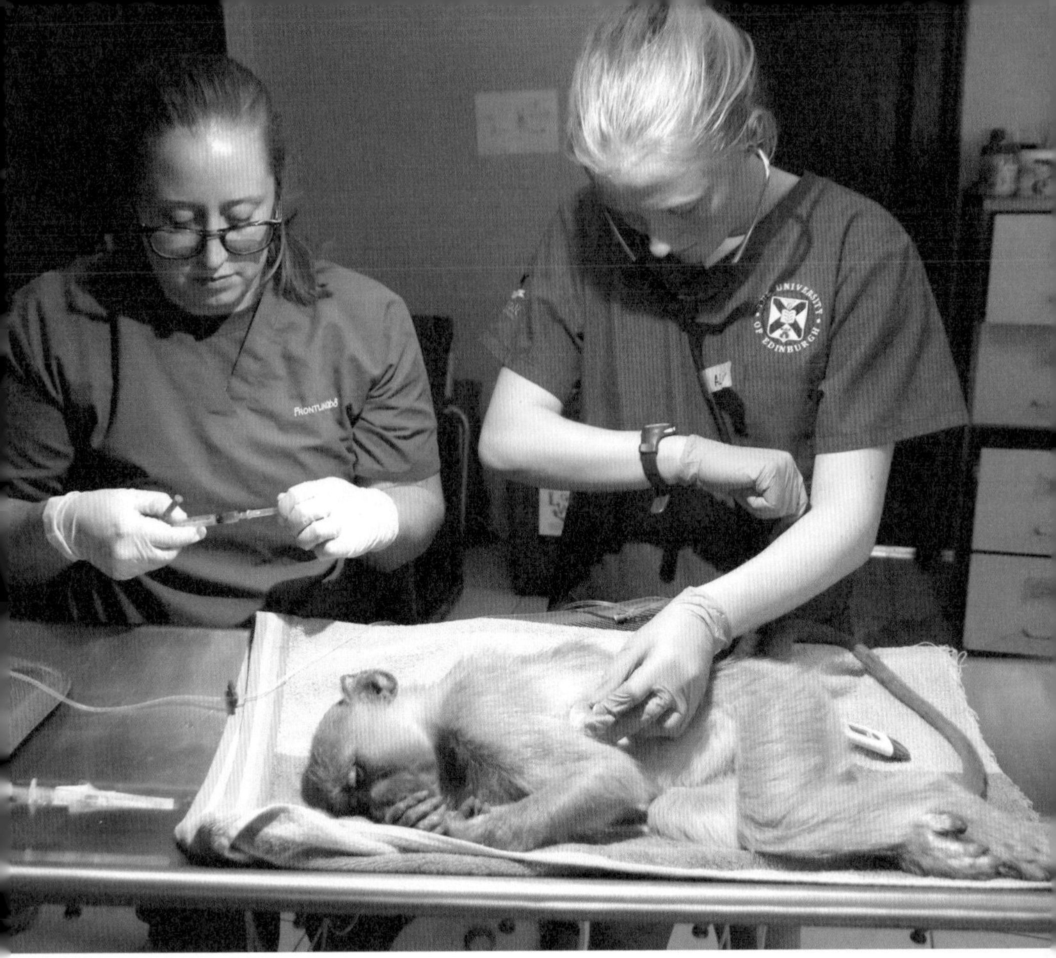

除了一般志工，也有各國的獸醫學生來實習。

不做犯罪世界的齒輪

我長逾六個月的非洲動物保育之行，以馬拉威畫上句號。事先我沒預期，一心想在南非了解犀牛角、象牙盜獵和走私，來到馬國也有再進一步加深了解的機會。

一抵達馬國機場，會看到很多宣傳海報，警告不要參與野生動物產品走私。

雖然之前說過，馬國的野生動物數量並不多，國家也不算起眼；但中心負責人凱特說，犯罪集團正是利用這點，配合地理位置，剛好在尚比亞、莫三比克和坦尚尼亞三國之間，南非洲的犀牛角、象牙等運上來很方便。據統計，野生動物相關的罪行，全球年收益就達十五億美金，所以犯罪集團為了閃避追蹤，通常會以迂迴轉折的路線，把產品中轉到法規和海關較鬆散的國家，再運抵亞洲的主要市場。在國際上有多宗合計百噸的象牙、犀牛角、穿山甲鱗片獲攔查和充公後發現，來源就是馬拉威。馬國，早已是野生動物犯罪的重要齒輪。

我來到中心的辦公室，平常我們以為保育員要不在中心照顧動物，就是在叢林或草原尋找動物。

凱特介紹了兩個隱形又重要的部門讓我認識：特別專案小組，負責調查野生動物相關的犯罪活動；律師團隊和法律專家，研究相關法案，確保每宗案件都有公開審訊，監查法官有熟悉最新的刑法，如實判刑，不會發生像恐龍法官縱容犯罪的事情。

一個世界最窮困之一的國家，要嚴正對待野生動物犯罪並不容易，但在英國政府資助下，馬國政府也開始改變態度，視之為國家首要對抗的罪行。沒有野生動物，就發展不了旅遊；野生動物，是當地人改變未來的希望。

凱特說以前在馬國走私野生動物及產品，不管是象牙或犀牛角那麼嚴重和瀕危的動物，頂多只會罰款四十美金就能輕鬆走出警局，明天又能再幹一票。從二〇一六年中改行新的動物犯罪法後，現在最高刑期可達三十年，當中包括苦役，也不能申請罰鍰。這比起南非的情況，實在進步很多。

有法律基礎還要執法才行，所以中心的律師團隊會密切注意每宗審訊，特別是地方的法官，會按最新刑法判案，也監查當中是否有因貪污而出現不公。像最近一年，馬國就有了以下重判：盜獵一隻犀牛的被判十八年，盜獵一隻大象的被判十三年及罰款，走私活穿山甲被判七年；還有各種走私象牙的案件，也被判了兩年。刑罰對不分國籍的犯人都加重，讓貨品更難轉手，拯救的除了馬國的動物，也有助減少周邊國家的盜獵；很多國家的刑法太不合時宜，根本起不了作用。

有重刑作阻嚇作用，但失去的動物並不容易再回來，被兇殘手法掠奪的生命更不會復活。犯罪集團總會把目光又轉到其他動物身上，商人仍以傳統作為包裝手法，鼓勵消費者使用殘虐又無效的醫藥產品。近十年來，亞洲和非洲有達一百萬隻穿山甲被獵殺，以滿足中國對此藥用需求。另外，近年也開始出現針對河馬（hippopotamus, *Hippopotamus amphibius*）的盜獵，以河馬牙來蒙混、取代象牙。這類犯罪規模還不大，但在部分旅遊區，有販賣出售河馬牙飾品。曾有遊客在馬國購買後，回國途中在機場被攔查，送到法院判了罰款和緩刑。沒有需求就沒有殺害，購買這類紀念品，多不智又沒意義。

野生動物犯罪的網絡很大，不是單靠一個國家就能徹底消除，也不能單靠保育機構或保育員。不論身處在地球哪個角落，都需要一起關注，才能讓我們所愛的動物朋友們，無須再活在人類加害的恐懼下。其實，救動物，也是救我們自己。

BRITAIN
ZAMBIA
IRELAND
CHINA
TANZANIA
JAPAN
SOUTH AFRICA
USA
BRAZIL
INDIA
SPAIN
STOP
WILDLIFE
CRIME
PROTECT MALAWI'S
WILDLIFE

NO
TO EXPLOITING WILDLIFE
FOR ENTERTAINMENT
Thousands of wild animals around the world are still forced to perform demeaning and unnatural tricks to entertain the public. They are exploited in travelling circuses and zoos and are used in advertising, film and television.
Animals are often made to perform 'stunts' and 'humanised' behaviours that are against their nature. The training of wild animals often relies heavily on physical domination and fear.
Whilst many zoos do not make animals perform tricks, keeping animals in small cages for the benefit of public viewing is still exploitative.
Louis was rescued from a circus in Spain. Ask your tour guide about his story.
HOW YOU CAN HELP
Do not support circuses or any other entertainment ventures that use animals as part of their act. Instead opt for visiting sanctuaries like LWC or go on safaris instead.
Wildlife is better appreciated when animals are behaving as they are meant to in their natural environment.

右上｜中心特別請來多國的駐馬國大使和總統宣揚反象牙盜獵的海報。

右下｜中心也負起教育當地國民野生動物保育的重要，中心內都有板子介紹，像拒絕以野生動物作招徠的表演和娛樂活動。

上｜黑馬羚（Sable Antelope, *Hippotragus niger*）有長又彎的角，一直是獵人的心頭好，數量已大大減少。

右｜河馬牙開始成為象牙的代替品，也有人以此做紀念品販賣，但記得買和賣都是犯法行為。

上｜雖然肉眼看來斑馬都長一樣，但每隻都有獨一無二的條紋排列。

後記——所以，我們還能怎樣？

要愛護地球，人類的存在難道連呼吸都是錯的嗎？

人類的歷史發展，從敬畏大自然，到多個世紀都以世界征服者的姿態，對地球予取予求，恣意統治、驅趕、殺害和我們不同的動物（甚至同類）後，來到這個末日鐘[14]即將響起的時代，大家都需要重新審視人類對地球造成負荷超重的問題。

無論哪一種生物的生存，都必然會消耗自然，但在自然中，動物死亡後會成為其他動物的食物、會化作春泥護花。而人類呢？有時我會想，現代人死後火化，大部分人只剩骨灰後就被收著，從生到死沒有一樣事情能回饋自然，對地球不是比任何動物更沒用處的存在嗎？我們必須明白到人類應該和地球屬於共生的關係時，才不會把一切都視為理所當然。非洲是地球上最貧困的地區，同時也蘊藏了最豐富的天然資源；人類的將來必然得依賴非洲，而不該是開發剝削至耗盡然後後悔。

活在一個每天看來都更瘋狂的世界，我們會感到失落、憤怒、無力。有時候真的需要再鼓起力量，重新找回希望。

那我們又可以怎麼做呢？

還記得一張瘦得見骨的北極熊照片，讓大家心疼不已嗎？

愛動物跟環保是分不開的事情，當我們開始去了解，去關心一種動物時，自然會看見另一種動物。我在非洲的野外生活中體會到，每種動物在大自然中各司其職，即使是微小的昆蟲、長得不討喜的動物、不顯眼的青苔，都有其存在的必要。當我們從愛一個種類，進而也愛其他的物種，也會對整個大自然更加關注。

即使我們不一定在政治上有足夠的選擇，我們的鈔票也仍然是一種表態。愈來愈多的航空、物流公司加入拒絕運載魚翅，可見消費模式足以影響企業營運方針。

---

14 末日鐘由芝加哥大學的《原子科學家公報（Bulletin of the Atomic Scientists）》雜誌設立，在核武和氣候變遷緊迫的威脅下，雜誌在二〇一七年一月宣布，目前距離子夜只剩兩分半。

做一個愛護地球的人不是要吹毛求疵，但在日常生活消費時，我們可以考慮：

使用動物例如獅骨、阿膠、熊膽、海馬的藥材，是迷信？還是商人的話術？有科學根據嗎？這世界就沒有更科學的替代品嗎？

放天燈真的會讓你願望成真？傷害到鳥類或引起山火也是你的願望嗎？

冬天到了，這雙靴子的羊毛是不是以殘虐的方式取得？除了羽絨大衣，就沒有其他保暖的布料嗎？大衣上的毛是人造毛皮，還是不法商人取得的平價動物毛皮？但如果以前已經擁有，也不須立刻丟掉，好好珍惜和使用，不再製造新的消費。

食物中採用的是否為印尼雨林中的棕櫚油，危害了印尼紅毛猩猩的存活？

平日飲食中減少肉食分量，一星期嘗試加入一、兩天全素食；

外帶食物時自備餐具、餐盒，避免使用一次性的免洗餐具，減少日常生活製造微塑膠垃圾，影響海洋生態；

不要大減價就失心瘋亂購物，掉入快速時裝的圈套，也沒有必要受媒體或朋友影響作非必要的囤貨；

認識自己居住地區的野生動物面臨的情況，了解各政黨在動物保育和環保的立場，畢竟城市發展、環保議案和法令都是政治。

當然，以上只是一些小建議，選擇永續發展的方式，愛地球的方法還有更多、也可以更有創意。

認為自己愛動物的人，記得保育是一門專門的科學知識，是件複雜又多面向的事情，並不是單純一個「愛」字就能夠完成。

二〇一六年在加拿大的班夫國家公園（Banff National Park），有遊客為了拍攝野狼，以為自己「做好心」而餵食牠們，讓野狼不時走進露營區，覬覦人類的食物；最後工作人員為了保護遊客安全免受威脅，開槍射殺了五隻狼。自以為是的「愛心」，只會變成慘劇。

不要胡亂參加宗教的放生活動，你放生的動物真的是來自你放生的地方嗎？像是把陸龜放到海裡，或把魚類亂放生，帶來的是死亡或破壞生態平衡。

旅行時拒絕騎大象、和被抓來困住的野生動物如獅子、豹、老虎寶寶拍照。

看到很可愛的野生動物，但你很想養牠，想想看你能給予牠野生動物不能或缺的自由嗎？你是為了排解寂寞、無聊，感受所謂的溫暖，還是真的為牠們好？

以同理心代替同情心，動物和自然看似沉默，並不代表我們做得正確；法律允許也不證明必定是好事，隨著文明發展，我們每天都在學習和動物共處，但法律終究也有漏洞或未更新的地方。

甘地的名言：「一個國家道德進步與偉大的程度，可用他們對待動物的方式衡量。」

或許我們都很難成為什麼偉大的人，能夠留下什麼貢獻，那至少想想，如果能夠減少對地球的負擔，不也已經是一件美事。

讓我們保持單純的心去愛動物，但不要忘記用腦子去思考最佳方式。

有的事情不是從金錢、法律或邏輯去評斷能不能做；而是當我們自詡為萬物之靈時，可以選擇要不要消費，做不做得到永續，那才顯得出自己的高度。

有時候我們會忘記了地球的美，我相信城市可以和自然共存，改變一些生活習慣並不會對我們造成太大損失，但小小的舉動卻能像漣漪影響別人。綠色的力量，不一定容易，願我們都有自由意志去選擇、塑造我們想要的世界。

附錄——什麼才是良心的動物機構

不論是要直接到非洲做志工，還是選擇金錢援助動物機構，都有很多需要了解的細節。像我之前說過巴西足球明星內馬爾和女友去南非旅遊，在 Instagram 貼出女友和獅子寶寶，以及和獅子散步的照片，是間接支持罐頭狩獵、殘害更多野生動物失去自由和生命。你拍一張人生難得的照片討讚，等於很多動物受害一生。「Voluntourism」志工旅遊在外國很盛行，真心想要做好事，就有責任做好背景調查，不要被壞人利用。

想做動物相關的志工，先要理解大部分的機構都要收取一筆不低的費用。依照各機構略有不同，一般來說志工都要自付交通、食宿費用；部分機構還有手續費、捐助費等。我聽到最多人問的就是：「為什麼去做志工，我還要出錢？」

讓我說得直白一點：請不要把自己看得那麼重要，付出時間和勞力，並沒有什麼大不了。任你覺得自己有多棒、多有熱忱，我們這種城市人常坐辦公室，又怕熱、又怕曬、又怕冷、下雨了怕淋濕、太重的東西抬不動、挖泥也不夠力、當地語言又不通、去市區又怕危險……囉哩囉唆的抱怨一大堆，真的無法跟經常勞動的當地人比。我也看過不少環球各地莫名奇妙的志工，動物機構僅憑一張報名表，很難完全過濾。

絕大多數的動物保育機構，都沒受政府資助，經常要舉辦大大小小的募款，靠私人捐助；於我來說，不認為動物機構就不能想辦法賺錢。保育的成本很高，對動物保育中心來說，食物、藥物都是龐大開支；像納國的動物中心，光餵食動物的費用一個月就達新台幣兩百萬。如果動物受了重傷或生病，要運送到大城市治療，運輸費用也很高。在保護區中，還有追蹤頸圈、偵查相機、車輛等大開銷；更別說防盜獵、把動物移居到安全的地方等驚人費用。

所以招收志工，除了是需要人力來幫忙外，的確也是保育機構賺錢的方式。而且一間健康穩定的保育機構，不應只依靠志工，因為志工人數和經驗都會有波動，可能影響動物的生活和照顧品質；所以長遠發展的機構應聘請當地人，提供就業機會、鼓勵當地人愛護動物。一般人如果非動物專家（如獸醫、環境或生物相關的研究生或博士等），在當地只能做一般勞動工作。試想，機構如果有經費能包吃包住，大可聘請當地人（非洲、拉丁美洲有大量人生活於貧窮線下）。我們生活算富足，沒必要去和當地人搶飯碗，這也才是真正的善心。

對於做動物志工，需要付出多少金錢，每個人的接受程度不一樣。我自己估算的方式是：查看當地中價位的住宿費用，以及食物、油價（因地方大到常需要運輸）的費用，再按照動物數量、機構有沒有危急動物處理中心等，再加 10 到 30% 大概就是我能接受的範圍。另一個更簡單的方式，就是做志工一個月的生活費大致比我在香港的生活費低，我都能接受。一般來說，如果機構對你的專業愈有需求、若你能留愈長時間（至少三個月至半年），需要支付的費用也愈低、甚至免費或有補助金。

如我之前所說的，做好事有做好背景調查的必要。畢竟錢也是辛苦賺來，一點一滴存起來，要用得其所。在非洲，形形色色的保育機構多到數不清，有的更可能和罐頭狩獵、戰利品狩獵、野生動物貿易有關，要怎樣看穿細節中的魔鬼呢？發問是最好的方式。

我在南非一間聲稱瀕危動物保育中心參觀，首先注意的幾個點是：為什麼有大量的獵豹？為什麼有大量的獵豹寶寶？導覽員說，我們看到的獵豹都會野放，中心也有繁殖中心，寶寶都會野放，幫助增加野生獵豹族群。稍微有注意動物保育的人就會知道，這完全是鬼話。一家負責任的保育中心，會為動物節育，也不會隨便繁殖動物。不然過多的動物要怎麼處理？再說要野放嗎？從小就由人照顧，見慣人類的貓科動物如獵豹、獅子，根本不能野放；牠們沒覓食能力，更糟糕的是會誤以為人類就有食物，接近民居，造成自己和居民的危險。

我們也見到了好幾隻帝王獵豹（King Cheetah），牠們是基因突變的非洲獵豹，身上有三條長長粗粗的黑條紋，而不是只有斑點。導覽員解釋中心也繁殖帝王獵豹，因為世上只有大約三十隻帝王獵豹，所以需要保育。這也是一派胡言，帝王獵豹本來就是隱性基因，不需要刻意培育，就像白獅、白老虎一樣。而且獵豹瀕危的其中一個原因，就是基因差異性太少，造成身體機能愈來愈弱。繁殖帝王獵豹要靠近親不斷繁殖，生出來的寶寶有遺傳缺陷的機會更大。再看看有的動物籠子竟是水泥地，對牠們的腳板很不好，都讓我覺得這間中心很有問題。

所以不論是想去做志工，或純粹想捐助，也要注意機構的網頁或臉書專頁，找找參加過的志工部落格，有沒有公布近期野放的動物消息。參觀動物機構時，可留意環境衛生，是否有充足的食物，事前也不妨多了解以下事項：

一、機構有沒有其他保育界重要機構的認可和保證？

像 WWF、Born Free、Save the Elephants、Save the Rhino、Panthera、AfriCat、 PASA 等都是國際知名的重要保育機構或基金會。選擇有列出受這類機構認可的動物保育中心，比較有保證。

二、動物中心的動物從哪裡來？為什麼會被送來園區？多久才會野放？為什麼不野放？

不用害怕，直接詢問相關機構，他們有必要老實回答；野生動物最終目的是盡快野放，而不是把動物留著像動物園。不能野放動物，必須有合理的理由。

三、動物中心有在繁殖動物嗎？

不要相信繁殖貓科動物的鬼話，有些非洲機構，收取昂貴的費用專門請志工去照顧獵豹和獅子寶寶。毛茸茸、圓滾滾的小貓一定可愛破表，但想一想牠們長大後，要不被販賣到動物園或給私人收藏家當寵物，要不被獵人狩獵殺死；去做志工反而是在幫壞人做壞勾當。至於其他極度瀕危的動物，像非洲野犬的確需要靠人工繁殖，但都必須在政府許可下進行，也要有野放計畫。

四、是路邊動物園還是良心的保育中心？

所謂的路邊動物園（Roadside zoo）是指設施不合格、缺乏有訓練的動物護理人員、缺少適當的資金和安全措施等。這類機構的動物往往住在狹小又骯髒的籠子，缺乏活動空間。而保育中心（Sanctuary）則是專門照顧被遺棄、充公、受虐或受傷的動物，不是為了向民眾收取入場費、展示動物而設的。不少保育中心為了教育公眾、獲得資金，都會設導覽員，開放民眾參觀。但良心的保育中心會視動物福利重於遊客體驗，例如不讓民眾看年紀太小、生病或即將野放的動物。

五、動物中心有支援地區保育教育嗎？

不是每家機構都有能力進行各類的社區活動，但我服務過的每家保育機構，都有邀請區內小朋友參觀、在學校進行義務保育教育等，還有更多不同以人為本的項目。畢竟動物保育要成功，全賴當地人支持。

捐助也好，做志工也好，準備工夫都很多，還要付出金錢。但我可以肯定，不是所有事情都該以金錢衡量。每一次做志工的過程和學習到的事情，都是一生難忘的美好回憶。

別讓世界只剩下動物園

我在非洲野生動物保育現場

作　　者　上田莉棋（Riki）
封面設計　Liaoweigraphic
版面構成　Liaoweigraphic
內頁排版　黃昀嘉
行銷業務　王涵、張瓊瑜、陳雅雯、余一霞、汪佳穎
　　　　　王綬晨、邱紹溢、郭其彬
副總編輯　王辰元
總 編 輯　趙啟麟
發 行 人　蘇拾平

出　　版　啟動文化
　　　　　台北市105松山區復興北路333號11樓之4
　　　　　電話：（02）2718-2001　傳真：（02）2718-1258
　　　　　Email：onbooks@andbooks.com.tw

發　　行　大雁文化事業股份有限公司
　　　　　住址：台北市105松山區復興北路333號11樓之4
　　　　　24小時傳真服務：（02）2718-1258
　　　　　Email：andbooks@andbooks.com.tw
　　　　　劃撥帳號：19983379
　　　　　戶名：大雁文化事業股份有限公司

初版一刷　2018年6月　三刷　2020年11月
定　　價　360元
I S B N　978-986-493-088-3

國家圖書館出版品預行編目（CIP）資料

別讓世界只剩下動物園：我在非洲野生動物保育現場 / 上田莉棋著. -- 初版. -- 臺北市：啟動文化出版：大雁文化發行，2018.06
面；　公分
ISBN 978-986-493-088-3（平裝）
1. 野生動物保育 2. 非洲

548.38　　107007228